Sue Patton Thoele arbeitet seit 1974 als Psychotherapeutin. Sie lebt mit ihrem Mann und ihren vier Kindern in Boulder, Colorado, USA.

Deutsche Erstausgabe September 1993
© 1993 für die deutschsprachige Ausgabe
Droemersche Verlagsanstalt Th. Knaur Nachf., München
Das Werk einschließlich aller seiner Teile ist urheberrechtlich
geschützt. Jede Verwertung außerhalb der engen Grenzen des
Urheberrechtsgesetzes ist ohne Zustimmung des Verlages unzulässig
und strafbar. Das gilt insbesondere für Vervielfältigungen,
Übersetzungen, Mikroverfilmungen und die Einspeicherung
und Verarbeitung in elektronischen Systemen.
Titel der Originalausgabe »The Courage to be Yourself«
© 1988, 1991 Sue Patton Thoele
Originalverlag Conari Press, Berkeley
Umschlaggestaltung: Graupner & Partner, München
Umschlagfoto: Tom McCarthy/The Image Bank
Satz: Ventura Publisher im Verlag
Druck und Bindung: Elsnerdruck, Berlin
Printed in Germany
ISBN 3-426-84020-0

2   4   5   3   1

SUE PATTON THOELE

BIS HIERHIN
UND
NICHT WEITER

WIE FRAUEN LERNEN,
SICH SELBST ZU BEHAUPTEN

Aus dem Amerikanischen
von Anke Grube

*In liebender Erinnerung an
meine mutige und beherzte Mutter,
Virginia Faris Patton,
die ein besonderes Talent
zum Zuhören hatte.*

DANKSAGUNGEN

Ich möchte meiner lieben Freundin Bonnie Hampton dafür danken, daß sie mich die ersten Schritte dieses Buches begleitet hat und daß sie standhaft darauf beharrte, ich könne »das alleine schaffen«. Ein großes Dankeschön auch an Joyce McKay, Polly Ostrofe und Irene Frazier für ihr Verständnis und ihre wertvolle Zeit. Meinen Verlegerinnen Julie Bennett und Mary Jane Ryan, die mich mit kluger Entschlossenheit anleiteten und mein Werk behutsam lektorierten, bin ich sehr dankbar. Ich möchte allen Autorinnen und Autoren, die ich hier zitiert habe, für die Inspiration danken, die sie mir geschenkt haben. Ein ganz besonders lieber Dank geht an meinen Ehemann und Partner Gene Thoele für all seine Liebe, seine Unterstützung und seinen Enthusiasmus. Er nimmt mich in den Arm, wenn ich erschlagen und müde vom Computer-Frust bin, und außerdem macht es großen Spaß, mit ihm zusammenzuleben!

INHALT

Teil I:
Auf der Suche nach dem Mut,
wir selbst zu sein

Teil II:
Sich den Drachen
im Kerker stellen

Teil III:
Heil werden: die eigenen Fähigkeiten
und Stärken erkennen

VORWORT

Das lateinische Wort für »Mut« lautet *cor*, was »das Herz« bedeutet. Das neuhochdeutsche Wort Mut* kommt vom althochdeutschen »muot« und bedeutet Kraft des Denkens, Entschluß zu einer Tat. Mit diesem Buch er-mut-igt Sue Patton Thoele die Leserin, den schwierigen und herausfordernden Weg zur Überwindung von Angst und emotionaler Abhängigkeit einzuschlagen. Sie hilft Frauen, die von sich selbst, anderen Menschen und der Gesellschaft ent-mutigt wurden, ein stärkeres Selbstwertgefühl und mehr persönliche Kraft zu gewinnen. Als Spezialistin für Selbstwertgefühl schätze ich dieses Buch hoch, da emotional abhängige Menschen oft ein geringes Selbstwertgefühl haben. Sie machen ihr Selbstwertgefühl von ihren Taten, ihren Leistungen, ihrem Aussehen, von den Menschen, mit denen sie zusammen sind, oder ihrem Besitz abhängig in der Hoffnung, daß andere das bemerken und anerkennen: Nur dann sind sie etwas wert. Sie versuchen zu gefallen und die Anerkennung anderer zu gewinnen, und können so ihr *Selbst*wertgefühl nicht wahrnehmen. Mit zunehmender emotionaler Unabhängigkeit gefallen wir uns selbst immer besser. Anstatt andere zu beeindrucken, ihnen gefallen zu wollen oder beweisen zu müssen, daß wir etwas wert sind,

---

* Mut – Kraft des Denkens, Empfindens, Wollens, ahd. *muot* Gedanke einer Tat, Entschluß. Kluge: Etymologisches Wörterbuch

13

bestätigen wir es uns selbst – und unser Selbstwertgefühl steigt.

Jeder ist auf der Suche nach einem Vorbild. Die Autorin von *Bis hierhin und nicht weiter* gibt Denkanstöße, sie inspiriert und unterstützt Frauen, die die Lücken in ihrer Entwicklung ausfüllen wollen. Sue Patton Thoele erzählt von ihren eigenen Kämpfen und Triumphen und läßt uns an ihren Erfahrungen teilhaben. So ist sie anderen Frauen ein mutiges Vorbild auf ihrem Weg.

Dr. Louise Hart,
Autorin von *The Winning Family:
Increasing Self-Esteem in Your
Children and Yourself*

TEIL EINS

AUF DER SUCHE NACH DEM MUT, WIR SELBST ZU SEIN

Dieses Buch ist aus kleinen Selbsterfahrungsgruppen und Seminaren heraus entstanden, die meine liebe Freundin Bonnie Hampton und ich leiten. In diesen Gruppen arbeiten wir an den Ängsten und emotionalen Abhängigkeiten, die vielen Frauen gemeinsam sind. Unser Ziel ist es, Frauen einfache, aber wirksame Methoden an die Hand zu geben, die ihnen helfen können, aus der emotionalen Abhängigkeit herauszuwachsen. Wir vermitteln Techniken und Einsichten, die schon vielen Frauen geholfen haben, die in unsere psychotherapeutische Praxis kamen, und die auch uns auf unserer nie endenden persönlichen Reise hin zu dem Mut, wir selbst zu sein, halfen.

Ursprünglich hatte ich mir beim Schreiben dieses Buches u. a. zum Ziel gesetzt, Frauen dabei zu helfen, sich selbst zu lieben und zu schätzen – zu erkennen, wie wunderbar sie sind –, weil wir Frauen uns so oft verpflichtet fühlen, uns selbst geringzuschätzen. Ich habe mich über Briefe von Leserinnen gefreut, die schrieben, daß sie nach der Lektüre dieses Buches eher imstande waren, sich selbst zu lieben und anzunehmen, und daß es ihnen Mut gemacht hatte, »nicht aufzugeben«, auch wenn das nicht immer leicht war. In den vier Jahren seit dem ersten Erscheinen dieses Buches habe ich so viel von meinen Leserinnen gelernt, daß ich den Wunsch hatte, meine eigenen Lebenserfahrungen sowie die meiner verehrten Leserinnen in dieses Buch aufzunehmen.

Jede der wahren Geschichten und Beispiele, die hier wiedergegeben werden, beschreibt ein wichtiges Stadium in der Entwicklung einer Frau, die lernt, sie selbst zu sein. Die Geschichten beweisen, daß wir Frauen den Mut aufbringen können, unverwechselbar wir selbst zu sein – daß emotionale Unabhängigkeit unser Geburtsrecht ist, unser Privileg und unsere Verantwortung.

KAPITEL EINS

SIE KÖNNEN
DEN MUT
AUFBRINGEN!

> Ich habe tapfere Frauen kennengelernt, die die
> äußersten Grenzen menschlicher Möglichkeiten
> erforschen, ohne ein historisches Vorbild, das sie
> leitet, und mit einer Courage, sich selbst verletz-
> lich zu machen, die mich so berührt, daß ich keine
> Worte dafür finde.
>
> *Gloria Steinem*

Sorgen Sie oft dafür, daß die Wünsche und Bedürfnisse anderer erfüllt werden, ohne daß Ihre eigenen Bedürfnisse befriedigt würden? Machen Termine und schwierige Leute Sie fix und fertig? Fühlen Sie sich überarbeitet und unterbewertet? Schlagen Sie sich mit Ängsten herum, die Sie in Ihrer Selbstentfaltung einschränken? Sind Sie sich selbst eher Feindin als Freundin?

Trotz des gewaltigen Wandels in den letzten dreißig Jahren werden immer noch viele Frauen diese Fragen mit »Ja« beantworten. Oft sind wir verstrickt in einem wirren Netz emotionaler Abhängigkeit und haben Angst, uns so zu zeigen, wie wir wirklich sind.

WAS IST EMOTIONALE ABHÄNGIGKEIT?

Emotionale Abhängigkeit bedeutet, daß wir einen anderen Menschen brauchen, um zu überleben; daß wir wollen, daß andere »das für uns erledigen«; und daß wir darauf angewiesen sind, daß ein anderer uns mit einem Selbstbild versorgt, unsere Entscheidungen fällt und finanziell für uns sorgt. Wenn wir emotional abhängig sind, erwarten wir, daß andere Menschen für unser Glück, unser »Selbst«-Bild und unser emotionales Wohlergehen sorgen. Aus Angst vor Ablehnung, vor dem Verlassenwerden oder vor Konflikten verzichten wir auf das, was wir wollen und brauchen.

Wenn wir emotional abhängig sind, sind wir unseren Ängsten und den Launen anderer Menschen ausgeliefert, und unsere Freiheit, wir selbst zu sein, ist stark eingeschränkt. Wir glauben, daß andere den Schlüssel zu unserem Wohlergehen in Händen halten, daß sie besser wissen als wir selbst, was gut für uns ist. Oder wir glauben, daß wir uns selbst preisgeben müssen, um die Liebe eines Menschen zu gewinnen und ihn zu halten.

Noch bevor ich je den Begriff *emotionale Abhängigkeit* gehört hatte, wußte ich, daß ich auf irgendeine geheimnisvolle Weise mein Leben anderen Menschen übereignet hatte. Es spielte eigentlich keine Rolle, wer es war – meine Eltern, mein Mann, meine Kinder, Freunde, Kollegen. Wenn sie mit mir zufrieden waren, war ich glücklich. Wenn sie mir Anerkennung zollten, hatte ich das Gefühl, daß sich mein Einsatz lohnte. Ich traute mich nur, etwas zu tun oder zu sein, wenn sie mir die Erlaubnis dazu gaben. Ich wollte das Große Hausfrauenehrenabzeichen haben, bevor ich den Mut fand, einen Schritt zu tun oder Stellung zu beziehen. Ich war nicht ich selbst; ich war so, wie die Person, der ich gefallen wollte, sich das meiner Meinung nach wünschte. Da ich keine Gedanken lesen kann, konnte ich nicht jederzeit allen Menschen gefallen, egal, in welche Form ich mich preßte. Aber ich versuchte es. Das ist emotionale Abhängigkeit!

Wenn wir uns selbst auf dem Altar der Erwartungen anderer

Menschen – oder dem, was wir für ihre Erwartungen halten – verleugnen oder opfern, bleiben wir ohne *Selbst* zurück. Ohne ein Bewußtsein unseres Selbst, ohne den Mut, zu zeigen, wer wir sind, und ohne die Bereitschaft, den Verdruß und die Hochstimmung, die einem selbstbewußten Auftreten folgen, auf uns zu nehmen, sind wir nicht wirklich lebendig. Wir sind lediglich Spiegel, die das Leben anderer Menschen widerspiegeln. Erst wenn wir fähig sind, unser eigenes, unverwechselbares und schönes (und manchmal häßliches und prosaisches) Ich zu sein, können wir uns und andere Menschen wirklich lieben. Und Liebe ist das, worauf es im Leben ankommt.

Warum haben so viele Frauen Probleme mit emotionaler Abhängigkeit? Wie viele Untersuchungen gezeigt haben, insbesondere Carol Gilligans Buch *Die andere Stimme. Lebenskonflikte und Moral der Frau,* haben Frauen ein tiefes Bedürfnis nach Harmonie und Nähe. Das hat nicht nur schlechte Seiten. Denn gerade dieses Bedürfnis macht uns zu so wunderbaren Liebenden, Freundinnen und Müttern. Aber wenn es nicht durch das Bedürfnis, ein eigener Mensch zu sein, ausgeglichen wird, können wir emotional abhängig werden und uns selbst und all unsere Fähigkeiten aus den Augen verlieren.

Wir bekommen Angst vor allem, was unsere Beziehungen zu anderen zu gefährden scheint. Es kann sich lebensbedrohlich anfühlen, allein zu sein und erfüllt uns daher mit tiefem Schrecken. Aus unserer Angst heraus tun wir oft genau das, was wir fürchten, das andere uns antun werden – wir geben uns selbst auf und verstreuen auf dem Rand unseres persönlichen Lebensweges achtlos aufgegebene Sehnsüchte, Wünsche, Ziele und Talente.

Es ist hauptsächlich die *Angst* – davor, nicht geliebt zu werden, verlassen zu werden, für selbstsüchtig gehalten zu werden, die uns in den Ketten emotionaler Abhängigkeit gefangen hält. Es gibt daher zwei schwierige Aufgaben, die vor uns liegen. Wir müssen wirklich überzeugt sein, daß wir wir selbst sein dürfen, und wir müssen lernen, mit unseren Ängsten zu leben, durch sie hindurchzugehen und sie zu heilen.

Noch vor einigen Jahren wurde ich von meinen Ängsten beherrscht. Beispielsweise hatte ich schreckliche Angst davor, zurückgewiesen zu werden oder etwa jemanden zu kränken, und ich gab mir die allergrößte Mühe, Konflikte jeder Art zu vermeiden. Aber nur sehr wenige meiner Bekannten hätten gesagt: »Na, das ist aber eine Frau, die wirklich Angst hat!« Ich verbarg es gut. Genau wie zahllose andere Frauen, wie ich später erfuhr.

Unglücklicherweise haben viele Frauen zugelassen, daß die Angst das Wissen um ihre angeborenen Stärken blockiert. Ich selbst war früher Meisterin darin. Obwohl andere Leute mich als unabhängigen Menschen sahen, hatte ich oft das Gefühl, daß ich nur spielte, erwachsen zu sein. Meine Mitmenschen empfanden mich als erfolgreich und erwachsen, aber mich selbst täuschte ich nicht; tief innen fühlte ich mich umhergestoßen von den Launen anderer, ein hilfloses Blatt in jedem Sturm. Ich wußte, daß ich nicht die Verantwortung für mein eigenes Leben trug, und daß ich Angst davor hatte.

Obwohl ich Psychologin war und seit mehreren Jahren eine eigene Praxis hatte, war ich meinem inneren Gefühl nach »nur Hausfrau und Mutter«. Sicher, ich leistete die Arbeit einer Erwachsenen, ich leitete Gruppen und arbeitete mit Klienten, aber im Inneren fühlte ich mich wie ein kleines Mädchen, das die Kleider seiner Mutter anzieht und diese Rollen nur spielt, in der Hoffnung, die Anerkennung anderer zu gewinnen.

Was hat sich geändert? Eine ganze Menge! Ich wurde vierzig, begegnete einer wundervollen Frau, die meine Freundin wurde und nicht zuließ, daß ich mich selbst belog. Und, das war am wichtigsten, ich fing an, mir selbst zuzuhören. Wir alle haben eine »stille, kleine Stimme« in uns, die ständig zu uns spricht. Das Problem dabei ist, wir hören selten zu. Aber wenn wir es zulassen, kann unser inneres, authentisches Selbst uns untrüglich leiten. Auch Sie können Ihre innere Stimme hören, und sie wird Ihnen helfen, den Mut zu finden, so zu werden, wie Sie wirklich sind.

MUT: EINE ALLTÄGLICHE EIGENSCHAFT

Was genau ist Mut? Mut ist die Fähigkeit, trotz unserer Angst das zu tun, was getan werden muß, oder das zu spüren, was wir spüren müssen. Mut ist die Bereitschaft, zu handeln oder etwas zu wagen, auch wenn wir Angst davor haben oder darunter leiden. Wenn Sie emotional unabhängig und mutiger sein wollen, so können Sie das auch. In Wirklichkeit haben Sie schon jetzt eine Menge Mut. Wir denken selten über den Mut nach, den wir in ganz einfachen, »normalen« Situationen beweisen: Wir bekommen ein Kind, gehen Tag für Tag zur Arbeit, pflegen Beziehungen. Es erfordert Mut, sich zu verlieben, ehrlich zu sich selbst zu sein, einen Verlust zu überleben, von zu Hause auszuziehen, einer Freundin zu erzählen, wovor wir Angst haben, um eine Gehaltserhöhung zu bitten, sich scheiden zu lassen, eine Arbeit anzunehmen, die uns herausfordert, oder offen zu sagen, daß wir uns zornig oder verletzt fühlen.

Versuchen Sie mal, eine Liste der Dinge aufzustellen, die Sie getan haben, obwohl Sie Angst davor hatten. Das waren mutige Taten. Manchmal erfordert es schon ungeheuren

Mut, morgens aufzustehen und mit dem Leben weiterzumachen!

Hoffentlich können Sie jetzt erkennen, daß Sie bereits mutig sind. Es ist ein natürlicher Prozeß, mutig zu sein und einer vollständigeren Verwirklichung unseres ureigenen, authentischen Selbst näherzukommen. Was ist es, das uns davon abhält, unser volles, beherztes Potential zu verwirklichen? *Angst!* Wovor fürchten wir uns? Wir fürchten uns vor dem Unbekannten, vor allem, das uns schon einmal schmerzlich berührte oder was wir als anders und risikoreich empfinden.

Nun, es gibt auch noch einen ganz anderen Aspekt des Risikos. Mit der richtigen Einstellung können wir Risiken als aufregend und schöpferisch erleben. Das Risiko ist eine notwendige Voraussetzung des Wandels, und der Wandel ist eine notwendige Voraussetzung des Wachstums. Wachstum ist unvermeidlich. Wir *werden* wachsen, aber wird uns das freier machen oder ängstlicher? Wenn wir frei sein wollen, müssen wir lernen, unsere Ängste zwar ernstzunehmen, aber ihnen nicht zu erlauben, über unser Leben zu bestimmen.

Wir können unsere Ängste leichter verarbeiten, wenn wir nicht länger mit ihnen hinter dem Berg halten, sondern offen über sie sprechen. Eine unausgesprochene Angst hat sehr viel mehr Macht über uns als eine, über die wir mit anderen Menschen geredet haben.

Das Problem dabei ist, daß wir Angst haben, über unsere Ängste zu sprechen, weil wir fürchten, dann für unreif, für zu emotional oder für blöde gehalten zu werden. Also halten wir den Mund und errichten uns so eine abgeschlossene innere Welt, in der wir uns verdammen, weil wir so fühlen, wie wir fühlen. Wir sind überzeugt, die einzigen ängstlichen Menschen auf der Welt zu sein. Unsere Angst bewirkt, daß wir in eine erdrückende und lähmende Isolation geraten. Aber wenn wir es wagen, offen über unsere Angst zu sprechen und sie behutsam von anderen angenommen finden, hat sie keine Macht mehr über uns.

DER KÄFIG DER CO-ABHÄNGIGKEIT

> Zum erstenmal habe ich in meiner Ehe genausoviel zu sagen wie mein Mann. Ich weiß nicht, warum ich je zugelassen habe, daß es anders war. Ich wurde endlich erwachsen und entschied, daß ich nicht die Anleitung oder Führung eines Vaters brauchte; was ich brauchte, war ein Freund, und das ist Robert – ein liebender bester Freund.
>
> *Mary Tyler Moore*

In den fast vier Jahren seit dem ersten Erscheinen dieses Buches ist unter dem Begriff *Co-Abhängigkeit* viel über emotionale Abhängigkeit geschrieben und gelehrt worden. Der Begriff *co-abhängig* wird oft im Zusammenhang mit einer Beziehung zu einem alkohol- oder drogenabhängigen Menschen gebraucht, aber er sagt weit mehr aus als das. Wir können co-abhängig von unserem Ehemann, unseren Kindern oder Kollegen sein – sogar von unserem Hund oder Wellensittich.

Co-abhängig sein heißt, daß wir konsequent die Bedürfnisse, Wünsche und Forderungen anderer vor unsere eigenen stellen – ein anderes Wort dafür ist emotionale Abhängigkeit. Wir gewinnen unsere Selbstachtung, unsere Motivation und unser Selbstwertgefühl nicht aus uns selbst heraus, sondern sind abhängig davon, daß andere uns diese Gefühle vermitteln. Wenn wir unser Leben einem anderen Menschen oder etwas anderem übereignen, stecken wir im Käfig der Co-Abhängigkeit. In diesem Käfig werden wir betäubt durch Verleugnung und Depressionen!

Wenn Sie das Gefühl haben, in diesem Käfig gefangen zu sein, und sei es nur mit einem Zeh, nehmen Sie allen Mut zusammen und suchen Sie nach Freunden oder einer Selbsthilfegruppe, die Ihnen dabei helfen können, sich zu befreien. Dieses Gefühl ist gleichbedeutend mit einem emotionalen Todesurteil. Wenn Sie aus dem Käfig lebenslänglicher Co-Abhängigkeit ausbrechen, wird dieses Entkommen Ihnen das Leben retten. Ich bin mir ganz sicher, daß Sie es schaffen können. Wenn ich, die ich viele Jahre damit zugebracht habe, durch die Gitterstäbe der Co-Abhängigkeit zu spähen und mich nach der Freiheit emotionaler Autonomie und Unabhängigkeit zu sehnen, es schaffen konnte, können Sie das auch.

DEN WEG ZU UNS SELBST FINDEN

Wir wissen jetzt, daß Frauen in größerem oder geringerem Maße dazu neigen, in ihren Beziehungen emotional abhängig zu werden. Aber wie können wir uns aus dieser Falle befreien?

Ich mag das irische Sprichwort, in dem es heißt: Du selbst mußt wachsen, egal, wie groß dein Großvater war. Es ist wahr. Wir werden letztendlich wachsen, also warum sollten wir uns von der Angst dazu verführen lassen, nichts zu tun? Eine gute Möglichkeit, die Lähmung zu überwinden, die oft mit der Angst einhergeht, ist, sich einer Frauengruppe anzuschließen, die sich mit ähnlich gelagerten Problemen beschäftigt. Zu Fragen der Co-Abhängigkeit werden überall Seminare angeboten, und überall gibt es Gruppen der Anonymen Alkoholiker und andere Selbsthilfegruppen. Sehen

Sie in den Gelben Seiten nach, rufen Sie die Anonymen Alkoholiker an oder fragen Sie Freunde.

Das wichtigste, was Frauen in unseren Seminaren lernen, ist, offen über ihre Gefühle zu sprechen. Wenn wir unsere Unzulänglichkeiten, Geheimnisse, Ängste, Feindseligkeiten, Freuden und Enttäuschungen anderen Menschen mitteilen, wird uns bewußt, daß wir nicht allein sind. Das Ausbrechen aus der Isolation läßt zu, daß wir uns unserer Gefühle voll bewußt werden und sie dann verarbeiten.

Katy, eine süße Frau mit sanfter Stimme, sagte einmal verlegen zu mir, ich könne unmöglich erraten, was ihr in einem unserer Seminare bewußt geworden wäre. Ich wäre sicher schockiert und entsetzt, wenn ich erführe, daß die größte seelische Belastung in ihrem Leben mit ihrem Ehemann zusammenhinge. Natürlich war ich weder schockiert noch überrascht. Ich kannte ihren Mann und wußte, daß er ein guter Mensch war; aber ich wußte auch, daß viele Frauen, die in einer Beziehung zu einem guten Mann leben, sich durch ihren Partner gestreßt fühlen. Für Katy reichte das Gespräch mit einer anderen Frau aus, um festzustellen, daß sie mit ihren uneingestandenen Gefühlen nicht allein dastand, und deswegen kein schrecklicher Mensch war. Schon dadurch war sie bereit zu akzeptieren, was sie wirklich fühlte.

Das Erkennen und Akzeptieren unserer wahren Gefühle ist ein wesentlicher Schritt zur Überwindung der emotionalen Abhängigkeit und hin zur Fähigkeit, sich selbst zu verwirklichen. Emotionale Unabhängigkeit erfordert ungeheuren Mut, weil wir in dem Glauben aufgewachsen sind, daß unsere natürliche Rolle die eines Anhängsels ist – die Gehilfin eines Mannes, keine ebenbürtige Partnerin. Aber diese Vorstellung ist überholt. Den Mut zu haben, so zu sein, wie wir wirklich sind, ist unser natürliches Geburtsrecht. Wenn dem so ist, warum fällt es dann vielen Frauen so schwer, sich selbst zu verwirklichen, sie selbst zu sein, sich emotionaler Unabhängigkeit zu erfreuen und befriedigende, gleichberechtigte Beziehungen zu haben?

Es ist immer schwer, neue Glaubens- und Verhaltensmuster zu übernehmen. Wir scheinen von Natur aus dem Gewohnten zuzustreben, selbst wenn es uns nicht gefällt. Es erfordert Mut und Engagement, uns selbst zu erlauben, uns in die unerforschten Gewässer der emotionalen Unabhängigkeit vorzuwagen und neue Verhaltensmuster für unser Leben zu finden.

Es ist schwer für uns, die alte Gewohnheit aufzugeben, immer zu fragen: »Mutter, darf ich?« (oder Vater, oder Ehemann). Aber wir leben in einer Zeit, in der wir die noch nie dagewesene Gelegenheit haben, unsere eigenen Entscheidungen zu treffen – wir selbst zu sein. Indem wir unsere emotionalen Abhängigkeiten entwirren, lernen wir, daß nur wir selbst uns Selbstvertrauen, Unabhängigkeit und ein Bewußtsein unseres inneren Wertes geben können, mit der Hilfe eines für uns relevanten Höheren Wesens.

Ein weiterer, äußerst wichtiger Baustein des »Mut zum eigenen Ich«-Puzzle ist das Bewußtsein, daß die entscheidende und wichtigste persönliche Beziehung die zu uns selbst ist! Wir haben das in letzter Zeit so oft gehört, daß wir es vom Kopf her wissen. Aber es ist schwer, es wirklich von Herzen zu glauben, weil uns beigebracht worden ist, daß unsere Bindungen anderen Menschen gelten sollten und daß Selbstaufopferung unsere Pflicht sei. Von Kindheit an tragen Frauen die starke unterschwellige Überzeugung mit sich herum, daß sie, wenn überhaupt, als letzte an der Reihe sind. Aber ohne eine tiefe Bindung zu uns selbst können wir keine gute, gesunde Beziehung zu anderen Menschen aufbauen.

Da ich mich danach sehnte, meine inneren Gefühle der

Abhängigkeit und Unsicherheit meinem äußerlich unabhängigen und erfolgreichen Verhalten anzupassen, begann ich nach Wegen zu suchen, mich von der Tyrannei der Angst zu befreien und mein eigentliches Ich kennenzulernen und zu leben. Es war ein großes Abenteuer – manchmal erschreckend, oft aufregend, aber immer lehrreich. Seit ich meine Suche nach Sue begann, fühle ich mich lebendig.

Emotional unabhängig zu sein heißt nicht, selbstsüchtig, ichbezogen oder für andere Menschen unerreichbar zu sein. Es bedeutet, daß wir in dem Bewußtsein, wer wir sind, ruhen können und nicht länger zerrissen werden durch Ängste oder unrealistische Anforderungen, die wir selbst oder andere an uns stellen. Eine emotional unabhängige Frau ist eine glücklichere, liebendere Frau, die mehr zu geben hat. Wenn wir die Freiheit finden, unsere ureigene, unverwechselbare Identität auszudrücken, schaffen wir ein Klima, in dem andere Menschen ebenfalls wachsen und geheilt werden können. Wir haben mehr zu geben, da wir befreit sind von der Folter, außerhalb unserer selbst nach Anerkennung suchen zu müssen, und da wir dadurch gestärkt sind, daß wir uns selbst gefunden haben. Zudem steigert eine Gemütsverfassung von Leichtigkeit und Spontaneität unser Lebensgefühl.

Dieses Buch steckt voller praktischer, bewährter Methoden, die Ihnen in Ihrem Streben nach einem authentischeren und glücklicheren Leben helfen können, in dem Sie Ihr eigenes Ich wirklich leben können. Wenn Sie die Gedanken und Beispiele, die in diesem Buch vorkommen, nachvollziehen, werden Sie sich Ihrer Ängste bewußt werden, und Sie werden lernen, sie zu überwinden. Befreit von den Fesseln der Angst, dürfen Sie sich selbst erlauben, Ihre eigenen Leistungen anzuerkennen und Ihr höchstes Potential zu entfalten. Das Buch enthält keine Patentlösungen, aber es steckt voller Vorstellungen und Übungen, die dazu gedacht sind, Ihnen bei der Überwindung Ihrer emotionalen Abhängigkeit zu helfen und emotional unabhängig zu werden.

Sogar wenn wir gute Fortschritte machen, werden wir uns vielleicht danach sehnen, zu der einfachen Phantasievorstellung zurückkehren zu können, daß es gut ist, emotional abhängig zu sein, daß unsere Männer für uns sorgen werden, daß sie für unsere Sicherheit sorgen und uns ernähren werden. *Wirklich zu wissen*, daß die Verantwortung bei uns selbst liegt, macht angst; aber es ist auch in höchstem Maße befreiend, sich darüber klar zu werden, daß wir unabhängig, selbstsicher und eigenverantwortlich sein können. Wir alle – Männer und Frauen – sind dazu aufgerufen, erwachsen zu werden und die Verantwortung für uns selbst zu übernehmen. Als Erwachsene sind wir besser fähig zu lieben, unabhängig, voneinander abhängig und voller Freude.

Wir Frauen sind wunderbar mutig: Wir haben den Mut in uns, um unseren einschüchternden, inneren Drachen zu besiegen und ein Leben zu leben, das unserem wahren Selbst Ausdruck verleiht. Es war mir eine Ehre, viele Frauen begleiten zu dürfen, die beherzt ihre Drachen bändigten und Hindernisse und Traumata überwanden, nachdem sie fast den Glauben an sich selbst zerstört hatten. Es kommt oft vor, daß wir das lehren, was wir am dringendsten lernen müßten, und in meinem Fall trifft das ganz bestimmt zu. Also, wenn Sie diese Seiten lesen, wissen Sie, daß wir den Weg gemeinsam gehen. Gehen Sie auf Ihrer Reise zur Entdeckung Ihres ureigenen, authentischen Ich behutsam mit sich um. Seien Sie geduldig mit sich selbst, und versuchen Sie nicht, den Weg allein zu gehen.

KAPITEL ZWEI

FACETTEN
EMOTIONALER
ABHÄNGIGKEIT

> Die öffentliche Identität einer Frau ist die ihres
> Mannes, und ihre private Identität die ihrer Kin-
> der.
>
> *Virginia Woolf*

Emotionale Abhängigkeit hat viele Gesichter, und sie
kann sich auf vielfältige Weise deprimierend auf unser
Leben auswirken. Jedes Mal, wenn wir uns nach einer Begegnung benutzt oder mißbraucht fühlen – weil wir nicht
für uns selbst oder unsere Meinung eingetreten sind –,
können wir ziemlich sicher sein, daß wir aus einem emotional abhängigen inneren Raum heraus gehandelt (oder
nicht gehandelt) haben. Wenn wir uns bei der Überzeugung
ertappen, daß wir ein Selbst gar nicht zulassen, das – zumindest teilweise – an erster Stelle steht, wenn wir wissen, daß
unser »Selbst«-Bild in Wirklichkeit ein »Ander«-Bild ist,
oder wenn wir unsere Gefühle unterdrücken, um einem
anderen zu gefallen, sind wir ohne Zweifel mit einem Aspekt
unserer eigenen emotionalen Abhängigkeit konfrontiert
worden. Eine gute Frage, die wir uns bei einer solchen
Gelegenheit stellen können, lautet: Was hat mich dazu
gebracht, so zu handeln, wovor hatte ich Angst?

Wir Frauen sind dabei, uns bewußt zu machen, daß wir tatsächlich emotionale und praktische Rechte haben, daß es in Ordnung und sogar gesund ist, wenn wir für uns selbst sorgen und unsere eigenen Bedürfnisse erfüllen. Wir fangen an, nach diesen Erkenntnissen zu leben, vorsichtig-zögernd und manchmal militant. Ich besitze einen Cartoon, der die Schwierigkeit dieses Prozesses darstellt: Eine Frau sitzt mit einem Mann in einem Restaurant. Sie sagt: »Ich bin unabhängig! Ich nehme mir das, was ich brauche. Ich übernehme die Verantwortung für mein Leben.« Im letzten Bild langt sie über den Tisch, packt den Mann am Arm und fragt ängstlich: »Bist du damit einverstanden?«

Viele Jahrhunderte hindurch galten Frauen als Gehilfinnen, Sekretärinnen und moralische Unterstützerinnen der Männer. *Hinter* jedem erfolgreichen Mann, so heißt es, steht eine gute Frau. Glücklicherweise leben wir in einer Zeit, in der dieser überholte Spruch sich wandelt zu: Seite an Seite stehen erfolgreiche Männer und Frauen.

Selbst wenn wir unsere Gleichheit akzeptieren und mit tiefer Überzeugung an sie glauben, müssen wir oft hart an unserer Fähigkeit arbeiten, unsere Grenzen und inneren Schranken zu respektieren, für unsere Rechte einzutreten und wirklich überzeugt davon zu sein, daß wir erwarten können, mit Freundlichkeit, Respekt und Rücksichtnahme behandelt zu werden. Indem wir lernen, realistische Grenzen und Schranken aufzustellen, können wir damit beginnen, uns auf kreativen neuen Wegen selbst auszudrücken.

Unser Wunsch nach Gleichberechtigung wandelt sich, was die Art angeht, in der wir ihn ausdrücken: Waren wir früher von Zweifeln erfüllt und daher etwas aggressiv und defensiv, sprechen wir jetzt aus einer festen inneren Überzeugung heraus, daß wir gleichwertig und ebenbürtig *sind* und daß es unzweifelhaft unser Recht ist, uns gleichberechtigt auszudrücken.

WAS SIND GRENZEN UND
INNERE SCHRANKEN?

Eine emotional unabhängige Frau kennt ihre inneren Schranken und bringt sie zum Ausdruck. Sie kann innerhalb der Grenzen dessen bleiben, was nach ihrer Meinung gut für sie ist – sowohl im privaten als auch im öffentlichen Lebensbereich. Weil sie sich erlaubt, sie selbst zu sein, kann sie ohne Schuldgefühle nein sagen; oder zumindest sind ihre Schuldgefühle nicht stark genug, um sie davon abzuhalten. Ihre Gesundheit und ihr Wohlergehen sind ihre Entscheidungskriterien. Emotional unabhängig zu sein bedeutet, nicht länger an das Bedürfnis nach ständiger Bestätigung gebunden zu sein. Und daher haben wir nicht mehr das Bedürfnis, es anderen recht machen zu müssen, und wir tun nicht mehr als das, wobei wir uns wohlfühlen.

Nähern wir uns der Vorstellung von Grenzen und inneren Schranken durch die Hintertür. Haben Sie sich je dabei ertappt, daß Sie es zuließen, sich auf eine Art und Weise behandeln zu lassen, die Sie unakzeptabel fanden? Haben Sie beispielsweise jemals eine unfreundliche, respektlose Behandlung hingenommen, bei der Sie sich abgewertet fühlten? Ich komme aus einer Familie, in der Hänseln für einige Familienmitglieder ein Kommunikationsmittel war. Ich habe es gehaßt, und ich fühlte mich jedesmal verletzt, wenn ich geneckt wurde. Ich habe nicht das Ende der Hänseleien gefordert, weil ich Angst hatte, daß sie mich noch mehr aufzögen, wenn ich eine Grenze setzte; oder aus der Angst (oh, Schrecken über Schrecken), daß meine Familienmitglieder dadurch veranlaßt würden, mich abzulehnen und nicht mehr zu beachten. Als Erwachsene sah ich mich endlich imstande, den Hänslern zu sagen, daß ich ihr Verhalten nicht akzeptieren konnte. Sie hörten ohne weiteres damit auf. Wenn wir wirklich fest überzeugt davon sind, daß wir es nicht nötig haben, uns einer unakzeptablen Behandlung auszusetzen, und unsere Grenzen deutlich aufzeigen, ist wahrscheinlich Schluß damit. Immer, wenn wir eine unakzeptable Behandlung still ertragen oder jammern und kraftlos darum betteln, besser behandelt zu werden, ignorieren wir unsere inneren Schranken und erlauben anderen, die Grenzen unserer Selbstachtung zu verletzen.

Wenn andere etwas brauchen, wenden sie sich immer in dem Wissen an Sie, die »gute alte Freundin«, daß Sie tun, was von Ihnen erwartet wird, auch wenn Sie gerade zehn Tage auf der Intensivstation gelegen haben? Sich von den Leuten ausnutzen zu lassen bedeutet, die eigenen Grenzen nicht zu respektieren.

Wenn wir ja sagen, obwohl wir in Wirklichkeit schrecklich gern nein sagen würden, vermitteln wir unsere Grenzen nicht ehrlich und bewirken damit, daß wir uns voller Groll, feindselig und deprimiert fühlen. Frauen, die das tun, neigen dazu, einen von zwei Modi operandi einzuschlagen: Sie ziehen sich zurück oder fahren aus der Haut. Daß wir bezüglich unserer persönlichen Grenzen und Schranken nicht ehrlich sind, schafft Gefühle des Verrats, der Wut, Abwehr und Verwirrung, nicht nur anderen, sondern auch uns selbst gegenüber. Tief in unserem Herzen wissen wir wahrscheinlich, daß die Angst uns daran hindert, für uns selbst einzutreten. Wenn wir also wiederholt zulassen, daß unsere Grenzen niedergetrampelt werden, laufen wir Gefahr, den Respekt vor uns selbst zu verlieren.

Wollen wir hingegen lernen, für uns selbst einzutreten und unsere Grenzen zu respektieren, ist es erstens erforderlich, daß wir merken, wann wir ausgenutzt werden; zweitens, daß wir uns selbst *erlauben*, Grenzen und innere Schranken zu haben und sie zu respektieren; und drittens, daß wir die Ängste erforschen und heilen, die uns ein Leben als Fußabtreter führen lassen. Um zu einer fairen und offenen Beziehung zu anderen Menschen zu finden, müssen wir lernen, wie wir ihnen unsere Grenzen und inneren Schranken ehrlich mitteilen können.

UNS SELBST PREISGEBEN

Das Nicht-Respektieren unserer Grenzen und inneren Schranken führt dazu, daß wir uns selbst preisgeben; das heißt, wir stellen das, was wir brauchen und wollen, hinter die Bedürfnisse und Wünsche der Menschen um uns herum zurück. Wer von den Menschen, die Sie kennen – einschließlich Ihrer selbst –, bekommt seine Wünsche und Bedürfnisse am ehesten erfüllt? Machen Sie eine improvisierte Liste Ihrer Bekannten mit deren Wünschen und Bedürfnissen, den materiellen wie einem neuen Auto und einem gutbezahlten Job ebenso wie den immateriellen, wie respektiert zu werden, gehört zu werden, wertgeschätzt und nach seiner Meinung gefragt zu werden. Ist jemand auf der Liste, der immer bekommt, was er verlangt? Stehen Leute darauf, die mit großer Wahrscheinlichkeit das bekommen, was sie haben wollen? Wie würden Sie im Vergleich abschneiden? Wenn Sie nahezu am Ende der Liste stehen, geben Sie sich wahrscheinlich selbst preis.

Maria lebte neunzehn Jahre lang mit einem Ehemann, der sie seelisch mißhandelte. Sie ertrug es, privat und in der

Öffentlichkeit gedemütigt zu werden und lernte, »es mit einem Lachen abzutun«. Da sie als Katholikin erzogen wurde und strikt gegen Scheidung eingestellt war, glaubte sie keine andere Wahl zu haben, als ihr Schicksal hinzunehmen; so gab sie sich selbst preis, und schließlich empfand sie sowohl Abscheu vor sich selbst wie auch vor ihrem Mann. Wir können uns selbst in großen Stücken weggeben (wir bilden uns nicht weiter, weil das jemandem Unannehmlichkeiten bereiten würde), oder in kleinen Stückchen (wir sagen nichts, wenn wir verletzt oder verärgert sind). Alle Stückchen, ob groß oder klein, addieren sich am Ende zu dem Ergebnis, daß wir nicht unser *eigenes* Leben leben. Schauen Sie sich die folgende Liste von Fragen an. Wenn Sie eine der Fragen mit ja beantworten können, geben Sie sich wahrscheinlich in manchen Lebensbereichen selbst preis:

1. Leiden Sie unter Ängsten, die Sie in Ihrer Selbstentfaltung einschränken?
2. Sorgen Sie oft für die Wünsche und Bedürfnisse von anderen, ohne daß Ihre eigenen Bedürfnisse erfüllt würden?
3. Sagen Sie ja, wenn Sie gerne nein sagen würden?
4. Fällt es Ihnen schwer, Entscheidungen zu treffen?
5. Sind die engen Beziehungen, die Sie zu anderen Menschen haben, unbefriedigend?
6. Fehlt es Ihnen an Selbstvertrauen?
7. Sind Sie Ihre eigene schlimmste Kritikerin?
8. Fühlen Sie sich die meiste Zeit übermüdet?
9. Gibt es in Ihrem Leben wenig Freude und spontanes Lachen?

Den Frauen, die sich selbst preisgeben, fällt es schwer, Entscheidungen zu treffen, weil sie Angst davor haben, dumm zu wirken, wenn sie einen Fehler machen. Nach der Trennung von meinem ersten Mann mußte ich mir ein Auto kaufen. Ich sah mir ein paar an, fühlte mich aber unfähig, eine Wahl zu treffen. Ich fragte meinen von mir getrennt lebenden Mann um Rat – was in Ordnung ist, wenn man als Gleiche einen Gleichen fragt; aber ich hielt seine Ansicht für wertvoller als meine. Meine Intuition schrie: nein, nein, nein!, aber ich ignorierte sie und kaufte das Auto, das er ausgesucht hatte. Dieses Auto und ich waren vom allerersten Augenblick an Feinde. Dadurch, daß ich meiner inneren Stimme keine Beachtung schenkte, gab ich mich selbst preis – und bekam ein Auto, mit dem ich kaum leben konnte. Wenn ich den Mut gehabt hätte, auf meine innere Stimme zu hören und die Entscheidung selbst zu treffen, hätte ich mich besser gefühlt und meine Integrität bewahrt – und vielleicht auch ein besseres Auto bekommen!

Wenn wir aus Gewohnheit nein meinen, aber ja sagen, ist das ein sicheres Anzeichen dafür, daß wir uns selbst preisgeben.

»JA« SAGEN, ABER »NEIN« MEINEN

Haben Sie je den Telefonhörer weggelegt, nachdem Sie zugesagt hatten, achtundvierzig Dutzend Kekse für eine Halloween-Party zu backen, den Vorsitz zweier Komitees zu übernehmen und Überstunden zu machen, die unvereinbar mit Ihren privaten Plänen waren?

Danach haben Sie das Gefühl, Sie könnten sich die Zunge ausreißen, sterben oder zumindest eine hochgradig ansteckende Krankheit ausbrüten. Wenn Sie sich so fühlen, haben Sie sich gerade selbst preisgegeben.

Wenn wir ja sagen, obwohl uns nach Neinsagen zumute ist,

haben wir uns wahrscheinlich in der »Ich sollte«-Falle gefangen. Wir haben Angst, daß wir unhöflich sind, wenn wir nein sagen, oder daß die Leute uns nicht mehr mögen werden, weil wir sie im Stich gelassen haben. Doch ich habe festgestellt: Wenn ich überzeugt bin, daß ich das Recht habe, nein zu sagen, und es bestimmt und entschieden sage, wird das akzeptiert. Wie gut die Botschaft ankommt, scheint in direktem Verhältnis zu der Festigkeit zu stehen, mit der ich meine Überzeugung vertrete. Ersetzen Sie Ihr erschöpfendes »ich sollte« durch kraftspendende Worte wie *ich kann, ich möchte, ich entscheide mich dazu* oder *ich will.*

Folgende Schlüsselmethode mag hilfreich sein, wenn Sie Ihrem Nein Gehör verschaffen wollen; wählen Sie eine feste Aussage und halten Sie daran fest:

SIE: Ich kann dieses Komitee nicht leiten. Tut mir leid.

XY: Oh, bitte! Ich habe sonst niemanden, den ich anrufen könnte.

SIE: Ich weiß, es ist schwer, aber ich kann es zur Zeit einfach nicht schaffen.

XY: Ich weiß nicht, was ich tun soll. Ich bin verzweifelt.

SIE: Es ist wirklich schwer, diese Sachen zu organisieren, nicht? Es tut mir wirklich leid, daß ich Ihnen im Moment nicht helfen kann.

Achten Sie mal darauf, daß »sie« in diesem Szenario an der Feststellung »Ich kann nicht« festhielt und damit zu ihren Grenzen stand, während sie gleichzeitig ihr Mitgefühl für die Probleme der anderen Person ausdrückte. »Sie« hat sich nicht selbst preisgegeben.

Bevor Sie ja sagen, holen Sie ein paarmal tief Luft. Fragen Sie sich selbst, ob Sie nur aus Schuldgefühl oder Angst ja sagen. Sagen Sie sich, daß Sie ein Recht haben, zu wählen.

Denken Sie nach! Wenn Sie Zeit brauchen, um Ihre Alternativen zu überdenken, nehmen Sie sie sich und rufen Sie später zurück. Sie brauchen sich nicht von den Erwartungen anderer Leute an Sie terrorisieren zu lassen.

DER TERROR VON
ERWARTUNGEN

Unrealistische Erwartungen können uns dazu bringen, uns in solchem Maße preiszugeben, daß wir uns schließlich ausgelaugt und erschöpft vorkommen wie eine ausgepreßte Zitrone, ohne ein Jota Energie für die nächste vor uns liegende Aufgabe. Das mag melodramatisch klingen, aber haben wir uns nicht alle schon über die Grenzen unserer Leistungsfähigkeit hinaus angetrieben, weil wir von uns erwarteten, alles zu schaffen – und zwar perfekt? Oder weil wir meinten, andere würden Perfektion von uns erwarten?

Ihre eigenen Erwartungen und die Erwartungen anderer können Sie emotional kaputt machen. Wir alle – Frauen, Männer und Kinder, Alt und Jung – haben schon unter der Tyrannei von Erwartungen gelitten. Haben wir nicht erwartet, daß unsere Flitterwochen romantisch und idyllisch würden? Wenige sind es.

Kürzlich sah ich eine Szene aus einem Theaterstück, in der eine der Personen einen wundervollen Kommentar zu Erwartungen abgab; sie redete auf einem Klassentreffen mit einer ehemaligen Mitschülerin und sagte: »Ich dachte, sobald er und ich zusammenkämen, würde sich alles ändern. Das ist es, was über dem für Frauen bestimmten Eingang zur Hölle steht: ›Alles wird sich ändern‹.«

So vieles von dem, was wir Frauen von uns erwarten, ist ein

glattes Trugbild. Wir erwarten, fähig zu sein, unsere Familien glücklich zu machen. (Unsere Familien erwarten dasselbe.) Wir erwarten von uns, stets heiter, fröhlich und gesund zu sein; unwandelbar attraktiv, ewig fürsorglich und immer voller Weisheit und Trost. Unrealistische Erwartungen wie diese sind anstrengend, ganz zu schweigen davon, daß sie erschreckend und lähmend sind.

Etwas Lähmenderes, als von einem anderen Menschen zu erwarten, daß er uns glücklich macht, können wir uns wohl kaum antun. Andere Menschen können nur dazu beitragen, das zum Vorschein zu bringen, was bereits in uns ist: die Fähigkeit, sich mit uns selbst wohl zu fühlen, uns nützlich und geliebt zu fühlen. Wenn wir uns »wegen« eines anderen unglücklich und unerfüllt fühlen, geben wir uns mit Sicherheit selbst preis. In diesem Fall ist es notwendig, daß wir uns die Einstellungen und Erwartungen genauer ansehen, die uns in Abhängigkeit halten.

Maria, die Frau, die katholisch erzogen worden war und von ihrem Mann seelisch mißhandelt wurde, wachte eines Morgens auf und sagte zu sich: »Genug!« Sie verließ ihren Mann, um ihr Leben emotional zu retten. Unglücklicherweise war sie gezwungen, ihre beiden Kinder zurückzulassen, da sie so lange gebraucht hatte, um sich von den strengen Regeln ihrer Kirche freizumachen und sich darüber klar zu werden, daß sie die Wahl hatte. Hätte sie ihre Grenzen und inneren Schranken früher respektiert, hätte die Ehe vielleicht gerettet werden können; aber die vielen Jahre, in denen sie ihren Schmerz und ihre Wut heruntergeschluckt hatte, hinterließen so tiefe Narben, daß es zu spät war.

Es ist ein feiner Unterschied, ob wir offen sagen, was wir wollen und brauchen oder ob wir erwarten, daß andere Leute sich an ein verstecktes Drehbuch halten, das wir für sie geschrieben haben. Oft haben zwei Menschen unterschiedliche Vorstellungen davon, wie sie leben, arbeiten und sich erholen wollen, besonders wenn beide unabhängige Menschen sind. Wenn wir zu strikt an unserem eigenen, verinnerlichten Bild davon, wie die Dinge sein *sollten,* festhalten, lösen wir bei unserem Partner eine ganz normale, gesunde Rebellion aus.

Meine Romanze mit meinem Mann war wie aus dem Märchenbuch; wir trafen uns auf Hawaii und flirteten über den Pazifik hinweg. Es war vollkommen – wir waren vollkommen. Wir waren überzeugt, daß wir mit Märchenstaub bestreut waren und daß wir in unserer Liebe immer und ewig glückselig sein würden. Natürlich kam es anders. Nachdem wir uns im Alltag eingerichtet hatten, fing unsere Erwartung von immerwährender Glückseligkeit an, unserem realen Leben in die Quere zu kommen.

Da ich frischgebackene Eheberaterin war und schon eine Scheidung hinter mir hatte, fand ich, daß meine Vorstellung davon, wie meine neue Ehe aussehen sollte, ausgesprochen realistisch war. Jedoch unterschieden sich die Wünsche, Bedürfnisse und Vorstellungen meines Mannes ganz erheblich von den meinen. Es dauerte einige Zeit, bis mir schmerzhaft klar wurde, daß ich unsere Beziehung mit meinen Erwartungen erstickte. Mit meinem So-muß-es-sein-Drehbuch trieb ich meinen Mann zur Rebellion. Nach zahlreichen inneren Kämpfen gelang es mir, uns beide nicht mehr mit meinen idealistischen Erwartungen zu terrorisieren.

Und dann geschah etwas Merkwürdiges: Als mein Mann sich nach einer Phase des Abkühlens überzeugt hatte, daß ich ihn wirklich in Ruhe lassen würde, begann er sich so zu verhalten, wie ich es früher von ihm verlangt hatte. Da ich meine festgelegten Erwartungen aufgegeben und andere

Wege gefunden hatte, meine Bedürfnisse zu erfüllen, wußte ich diesen Wandel sehr zu schätzen (als Schokoladenstückchen im Kuchen des Lebens), aber ich brauchte ihn nicht länger für mein emotionales Überleben.

Ich habe festgestellt, daß es sogar in den stabilsten und fürsorglichsten Beziehungen immer unerfüllte Erwartungen geben wird. Vielleicht rechne ich mit einem ruhigen Abend am Kamin und einem vertrauten Gespräch, und mein Partner hat vor, sich im Fernsehen das Basketballspiel anzusehen. Vielleicht erwarten wir beide, daß unsere Kinder mit uns zu Abend essen, aber sie wollen stattdessen mit Freunden eine Pizza essen. Wir können einfach emotional nicht überleben, wenn wir verlangen, daß all unsere Erwartungen erfüllt werden. Das Leben ist nun mal nicht so; die gesündeste Haltung ist also, sehr flexibel zu sein und es nicht persönlich zu nehmen, wenn unsere Erwartungen nicht erfüllt werden.

DIE SUPERFRAUEN-FALLE

> Frauen müssen in allem, was sie tun, doppelt so gut sein wie Männer, um auch nur für halb so gut gehalten zu werden. Glücklicherweise ist das nicht schwierig.
>
> *Charlotte Whitton*

Flexibilität ist nicht gleichbedeutend mit Schwäche. Der Versuch, jedem alles zu sein, die allgegenwärtige, alleskönnende Superfrau zu spielen, ist etwas, womit wir uns selbst preisgeben.

Das Cape von Superfrau ist gefüttert mit Schuldgefühlen und besetzt mit Angst. Der Angst, daß sie den Erwartungen nicht entsprechen könnte, und den Schuldgefühlen, wenn sie es tatsächlich nicht schafft. Die selbsternannte Superfrau wird niemals fliegen können; es gelingt ihr selten, ihre Erwartungen zu erfüllen, und wenn sie es schafft, ersetzt sie sie lediglich durch höhere und auf ewig unerreichbare.

Eine Klientin von mir hat drei Kinder allein großgezogen. Jetzt hat sie wieder geheiratet und kümmert sich um ein Stiefkind sowie um drei emotional gestörte Adoptivkinder. Sie macht die Kleidung der Kinder selbst, improvisiert alle Mahlzeiten, kommt mit einem Haushaltsgeld aus, das einem Schlangenmenschen kalte Schauder über den Rücken jagen würde, und ist äußerst aktiv in ihrer Kirchengemeinde. Sie war immer sehr betroffen, wenn sie sich gelegentlich lieblos vorkam.

Die Kindheit dieser Frau war gekennzeichnet durch Traumata und seelische Entbehrungen, die sie seelisch tief verwundet und dazu geführt haben, daß ihre Füße fest in der Superfrauen-Falle sitzen. Sie hatte nie das Gefühl, daß sie in einem Vergleich mit anderen Menschen positiv abschneiden könnte und warf sich ständig eine verwirrende Vielzahl von wirklichen und eingebildeten kleinen Versäumnissen vor. Ich war immer ganz erschöpft, wenn ich sie nur von einem ihrer Adoptivkinder und dessen abweichenden Verhaltensweisen erzählen hörte.

Ganz allmählich gelang es ihr, sich wenigstens gelegentlich ein kleines Schild über die Seele zu hängen:

Superfrau lebt hier nicht mehr!

Natürlich werden Frauen, die sich im Würgegriff der Superfrauen-Falle verfangen haben, oft von wirtschaftlicher Notwendigkeit oder dem persönlichen Wunsch dazu veranlaßt, ganztägig berufstätig zu sein und gleichzeitig den ganzen Haushalt zu versorgen. Ob wir nun berufstätige Frauen oder Hausfrauen oder beides sind – oft treibt uns ein innerer

Drache gnadenlos zur Perfektion. Wenn wir den Mut finden, uns selbst zu erlauben, so zu sein, wie wir sind – unvollkommen, aber bestrebt, uns zu verbessern – haben wir einen Anfang gemacht, die Seile zu lösen, die uns an die emotionale Abhängigkeit binden.

KAPITEL DREI

ABGRENZUNG
UND
IDENTITÄT

> Sobald ein Mann auftaucht, neigt eine Frau dazu,
> ihre eigenen Überzeugungen zu vergessen.
> *Charlotte Dowling*

Viele Frauen suchen ihr Selbstwertgefühl außerhalb ihrer eigenen Person – ein Widerspruch, wenn man darüber nachdenkt. Wenn wir von unseren Mitmenschen verlangen, daß sie unseren Wert widerspiegeln, damit wir uns wertschätzen können, führt das zwangsläufig dazu, daßwir uns ausgenutzt und in unseren Rechten verletzt fühlen. Viele von uns lassen sich auch bedrängen und in ihren Rechten verletzen. Das kommt beispielsweise vor, wenn:

Sie ständig etwas für andere tun und sich oft darüber ärgern, daß Ihre eigenen Bedürfnisse nicht befriedigt werden;

Sie Ihre Fähigkeit, Entscheidungen zu treffen, anzweifeln und sich daher immer fügen, wenn irgend jemand sagt: »Nein, nein, ich denke, du solltest (.........);

Ihre Kinder, Ihr Partner, Ihre Kollegen und Freunde sich etwas von Ihnen ausborgen, ohne Sie vorher zu fragen;

oder Leute meinen, Ihre Zeit gedankenlos in Anspruch nehmen zu können.

Es ist die Angst, die uns anfällig für Übergriffe auf uns macht: Angst vor Ablenkung, vor Unvollkommenheit, vor Peinlichkeiten oder Konflikten. Weil wir uns vor den Reaktionen der anderen fürchten, lassen wir es zu, daß sie unsere Grenzen und inneren Schranken verletzen. Glücklicherweise merken wir an unseren körperlichen Reaktionen und Gefühlen, daß jemand unsere Privatsphäre verletzt hat. Wir können lernen, diese Gefühle wahrzunehmen und sie als wertvollen Hinweis darauf zu nutzen, daß wir angemessene Grenzen aufrechterhalten können.

Bei einem Übergriff auf unsere Persönlichkeit haben wir das Gefühl, ausgenutzt zu werden, etwas aufgeben zu müssen. Wenn eins meiner Kinder in mein Badezimmer geht und sich meine Haarbürste ausleiht, ohne mich vorher zu fragen, fühle ich mich, als hätte ich das Recht verloren, meine Sachen zu benutzen, wo und wann ich es will. Das Kind hat eine klar festgelegte Grenze übertreten, und ich bin wütend und verärgert.

Wenn Sie es sich nach einem harten Arbeitstag gerade in der Badewanne gemütlich gemacht haben und die Kinder an die Tür hämmern, weil sie wollen, daß Sie einen Streit schlichten, hängt es von Ihrer Reaktion ab, ob die Kinder Ihre Grenzen verletzen. Wenn Sie aus einem falschen Verantwortungsgefühl heraus aus dem Wasser springen und eilends darangehen, die Probleme der Kinder zu lösen, haben Sie es zugelassen, daß Ihre Grenzen verletzt werden. Ich kenne Frauen, die sagen, daß sie nie einen Augenblick für sich haben, weil die Anforderungen der Arbeit und der Familie das nicht zulassen. Eine Frau erzählte mir, sie fühle sich ständig wie »von Enten zu Tode gestochert«.

Aber es sind nicht wirklich die äußeren Umstände, die diese Frauen zu einem so mörderischen Tempo zwingen; sie erlegen sich diese Anforderungen selbst auf, weil sie sich in der Superfrauen-Falle verfangen haben. Es stimmt zwar, daß an eine Frau, die mehrere Rollen gleichzeitig zu übernehmen hat, große Anforderungen gestellt werden, die viel Streß mit sich bringen. Aber wir haben sehr wohl das Recht, unsere Entscheidungen so zu treffen, daß wir auch mal an erster Stelle stehen. Wenn wir uns das regelmäßig erlauben, können wir vielleicht sogar andere in ihrem Wachstum unterstützen. Wenn Sie nicht aus der Wanne stürzen, sobald Ihre Kinder Sie rufen, bleibt diesen nichts anderes übrig, als den Streit mit ihren eigenen Mitteln und Fähigkeiten beizulegen. Wenn Sie Ihre Unabhängigkeit behaupten, müssen die Kinder ebenfalls unabhängiger werden.

Wenn wir uns entscheiden, die Ängste zu überwinden, die uns emotional abhängig halten und uns glauben lassen, wir hätten keine Rechte, werden wir unsere Grenzen und inneren Schranken respektieren können. Nur wenn wir nicht länger zulassen, benutzt und in unseren Rechten verletzt zu werden, sind wir auf unserem Weg der Selbstfindung ein gutes Stück vorangekommen.

FUSSTRITTE
AUF UNSEREM GESICHT

Meiner besten Schulfreundin gab ich damals den Spitznamen »Fußabtreter«, weil sie es zuließ, daß ihr Freund sie unterbutterte und schikanierte. Ich bin sicher, daß ich diesen Spitznamen ebenfalls verdient hätte, so, wie ich mich bei manchen Jungen, mit denen ich ausging, verhielt. Meine Freundin und ich fühlten ein dunkles Unbehagen über unsere Rolle als machtlose Fußabtreter, aber dies waren die fünfziger Jahre, als die Mädchen ermutigt wurden, die Jungen zu umsorgen und zu bedienen, und in mancher Hinsicht hat sich das immer noch nicht allzusehr geändert.

Ich erinnere mich, damals eine Reihe kleiner CVJM-Bücher über Sexualität, Menstruation und die Kunst des richtigen Telefonierens gelesen zu haben. In einer der Broschüren stand doch tatsächlich, daß ein Mädchen, um beliebt zu sein (dieser Gipfelpunkt pubertärer Träume!), dem Jungen Gelegenheit geben sollte, über sich selbst zu reden. Die Broschüre empfahl, dem Jungen Fragen zu stellen, die ihn ermutigen würden, über die Themen zu reden, die ihn interessierten. Wenn ich wollte, daß ich dem Jungen gefiel, sollte also ich ein brennendes Interesse an Autos und Sport oder was auch immer vortäuschen.

Ohne Zweifel waren diese Werke auf irgendeinem verstaubten viktorianischen Dachboden gefunden und neu aufgelegt worden! Ich erinnere mich, daß ich damals dachte: Was für ein blödes Spiel! Was ist, wenn es ein Thema gibt, über das ich gern reden würde? Meine Zweifel zeigten sich auf eine interessante Art und Weise; ich zog mir einen chronischen Frosch im Hals zu. Insbesondere bei Verabredungen hatte ich manchmal das Gefühl, ich würde jede Minute ersticken. Oft mußte ich mich entschuldigen und einen privaten Ort aufsuchen, an dem ich den Frosch heraushusten konnte. Ich erstickte buchstäblich an den ehrlichen Worten, die ich herunterschluckte und an den Worten, die den Spielregeln entsprachen. Noch grundlegender, ich erstickte an der Botschaft, die hinter diesen Wie-komme-ich-mit-Jungs-klar-Verhaltensregeln steckte: Du bist nicht so wichtig wie sie. Ich nahm diese halbunbewußte Überzeugung, daß ich zweitrangig war, mit ins Erwachsenenleben. Ebenso den Frosch im Hals.

Vor ein paar Jahren füllte ich einen psychologischen Test in einer Zeitschrift aus, mit dem das Selbstbewußtsein getestet werden sollte. Da ich diplomierte Psychologin war und eine sehr entwicklungsfördernde Scheidung hinter mir hatte, war ich sicher, bei der Entwicklung meines Selbstbewußtseins große Fortschritte gemacht zu haben. Ich war schockiert und verärgert, als das Testergebnis mir sagte, daß ich in fast allen Lebensbereichen recht selbstbewußt und durchsetzungsfähig sei – außer in meiner Beziehung zu den Männern, die ich liebte, einschließlich meiner beiden Söhne. Tatsächlich mußte ich eingestehen, daß mein Verhalten in dieser Hinsicht auf der unterschwelligen Überzeugung basierte, daß Männer besser seien als Frauen, daß sie es eher verdienten, daß man ihnen zuhört, und daß sie mich wahrscheinlich verlassen würden, wenn ich ihnen nicht in den meisten Dingen den Vortritt ließe. Ich hatte es zugelassen, daß Männer ihre Tennisschuhe fest auf meinem Gesicht aufsetzten. *Krächz!* Es ist bezeichnend, daß mein Bedürfnis, mich zu räuspern, ein Familienwitz war und, wie ich später erfuhr, eine Quelle ständiger Irritation für meinen Mann. Ich beschloß, etwas dagegen zu tun. Ich fing an, mich Männern gegenüber durchzusetzen, sogar den Männern gegenüber, die ich liebte. Ich spürte die verborgenen Einstellungen auf, die mich zur Unterwerfung veranlaßten, und hörte auf, mich selbst preiszugeben. Es war nicht leicht, das zu tun, und ich brauchte dazu die Hilfe einer guten Therapeutin, die Unterstützung von Freundinnen und Klientinnen und meine eigene Hartnäckigkeit.

Der Frosch in meiner Kehle, der mich achtundzwanzig Jahre lang begleitet hatte, verschwand. Wenn ich jetzt anfange, zu krächzen und zu husten, überlege ich, wo ich zugelassen habe, daß meine Grenzen verletzt werden. Der Frosch ist mir ein wichtiger Lehrer geworden.

ROLLEN, MIT DENEN WIR DIE GRENZVERLETZUNG VERHINDERN WOLLEN

Eines der wichtigsten menschlichen Bedürfnisse ist das Verlangen, persönliche Macht zu haben und anwenden zu können. Wenn wir uns also in unseren Grenzen verletzt oder ausgenutzt fühlen, suchen wir augenblicklich nach Wegen, den bedrohlichen Eindringling zurückzuschlagen. Da die Gesellschaft Frauen nicht ermutigt, ihre Kraft zu entfalten (das wäre nicht feminin, wissen Sie), bedienen wir uns geheimer und unehrlicher Strategien, um Macht zu haben und anwenden zu können. Das Problem mit der Unaufrichtigkeit ist aber, daß langfristig alle, die sie einsetzen, verlieren. Hier folgen einige der geheimen negativen Strategien, die Frauen sich zu eigen gemacht haben:

Die Mutter

Es gibt nur drei Phasen in unserem Leben, in denen wir es nötig haben, bemuttert zu werden: in der Kindheit, wenn wir senil geworden sind, und wenn wir krank sind. Zu jeder anderen Zeit sind wir alle verpflichtet, unsere eigene innere Stärke auszubauen und für uns selbst zu sorgen. Dennoch gibt es Frauen, die es vorziehen, Männer und andere Frauen zu bemuttern; und das trotz der hinlänglich bewiesenen Tatsache, daß eine unangebrachte mütterliche Haltung das Aus für die romantische Liebe, die Liebe zwischen gleichberechtigten Ehepartnern sowie für eine Freundschaft bedeutet.

Oft muß ich Klientinnen sagen, daß sie »ihr Mama-Verhalten kontrollieren« sollten. Ein Mama-Verhalten kann sich auf ganz alltägliche Art ausdrücken; zum Beispiel erzählen wir als Beifahrerin dem Fahrer, wo er parken soll: »Warum parkst du nicht bei der Bank?« Sie sagen vielleicht, das sei pure Hilfsbereitschaft, aber der Fahrer wird diesen Hinweis sehr wahrscheinlich als herablassend und übertrieben fürsorglich interpretieren, und er wird das Gefühl haben, wie ein dummes, unfähiges Kind behandelt zu werden. Niemand hat Gefallen daran zu hören, daß er oder sie einfache Aufgaben wie das Parken eines Autos nicht bewältigen könne. Natürlich sieht die Sache völlig anders aus, wenn wir um Hilfe gebeten werden.

Ein anderes Mama-Verhalten ist das Nörgeln. Wenn wir das Bedürfnis empfinden, andere an Dinge zu erinnern und ihnen Vorwürfe zu machen, nörgeln wir: »Hast du (…) schon erledigt?«; »Du solltest so nicht rausgehen, nur mit diesem dünnen Pullover an! Du wirst dir noch den Tod holen«; »Wie oft muß ich dir noch sagen, daß (…)?!« Die Leute lernen schnell, auf diesem Ohr taub zu werden oder sich rebellisch von Ihnen abzuwenden.

Der Fairneß halber muß man sagen, daß es eine andere Seite des Mama-Verhaltens gibt: die Neigung eines Mannes, den kleinen Jungen zu spielen, um eine Frau dazu zu bewegen, die Mutterrolle zu übernehmen, für ihn zu sorgen und ihn innerlich auszufüllen. Aber Sie können diese Rolle aufgeben. Auch wenn Sie sich auf die Zunge beißen müssen: Hören Sie auf, jedermanns Mutter zu sein, wenn Sie Ihre Beziehung zu Ihrem Mann, Ihren Kindern, Freunden und Kollegen retten wollen.

Kontrollieren Sie Ihr Mama-Verhalten. Es hilft weder Ihnen noch irgend jemand anderem; im Gegenteil, Sie zerstören damit Ihre Freiheit und die Selbstachtung der anderen. In dem Maße, in dem Sie das Bedürfnis verspüren, einen anderen Erwachsenen zu bemuttern, laden Sie sich die Verantwortung für ihn auf. Wenn Sie in einer Beziehung alle Verantwortung auf sich genommen haben, warum sollte der andere auch nur versuchen, Eigenverantwortung zu entwickeln? Es ist interessant, daß die chinesischen Schriftzeichen für die Worte *Bindung* und *Mutter* zusammengesetzt das Wort *Gift* ergeben. Wenn wir uns an die Rolle der Mutter klammern und anderen das Recht nehmen, aus ihren Fehlern zu lernen, vergiften wir die Beziehung zwischen uns.

Die Märtyrerin/das Opfer

Wir alle kennen Menschen, die die Märtyrer/Opferrolle spielen, Menschen, die immer nur seufzen: »Ich Ärmste!«; »Wenn sie doch nur …«; »Was immer du willst … (seufz)«; »Mir ist es egal … (seufz)«; »Wie ich mich fühle, ist nicht so wichtig … (seufz)«. Wir lernen diese Rollen. Wir sehen, wie unsere Mütter und Großmütter andere mit diesen Rollen manipulieren. Aber in Wirklichkeit fühlen sich die Opfer machtlos, und in ihrer eigenen Wahrnehmung werden sie von den Handlungen und Urteilen anderer beherrscht. Die Märtyrer/Opferrolle ist sehr geeignet, andere zu beherrschen, weil sie Schuldgefühle in ihnen auslöst.

Menschen, die die Opferrolle spielen, sind oft in der Kindheit, als sie hilflos waren, zu Opfern gemacht worden. Als Erwachsene haben sie immer noch das Gefühl, machtlos zu sein und von den Handlungen und Meinungen anderer beherrscht zu werden. Ein Opfer, das immer ein Opfer bleibt, muß nie die Verantwortung für sein eigenes Leben übernehmen, weil alles, was geschieht, ganz klar die Schuld von jemand anderem ist. Das Opfer ist der klassische Fall eines emotional abhängigen Menschen, da er ein Gefangener seiner Reaktionen ist, anstatt selbstbestimmt zu handeln. Das Leben erwachsener Opfer ist erfüllt von unmöglichen »ich hätte« und »ich müßte«, so daß sie ständig auf ihren Fehlschlägen herumreiten und sich wegen ihrer angeblichen Unfähigkeit selbst geißeln.

Alicias Vater starb, als sie noch sehr klein war, und sie hatte das Gefühl, von ihm verlassen worden zu sein. Ihre Mutter war psychisch labil, was sich nach dem Tode ihres Mannes verstärkte. Alicia, die ein braves Mädchen war, übernahm die Rolle der Mutter ihrer Mutter gegenüber und in den Jahren, die dem Selbstmord ihrer Mutter vorangingen, fühlte sie sich als Opfer ihrer Situation. Sie hatte ihre Kindheit der emotionalen Abhängigkeit ihrer Mutter geopfert. Alicia glaubte felsenfest, daß die Menschen, die sie liebte, sie verlassen würden, ganz gleich, wie viel Liebe sie ihnen gab. Sie brauchte und wollte selbst Liebe, aber, gefangen in ihrer Opferrolle, ging sie eine Reihe von Beziehungen zu Männern ein, die sie entweder emotional im Stich ließen oder sie nach Strich und Faden ausnutzten. Auch Alicias Sohn bedrohte sie ganz buchstäblich durch Mord- und Selbstmorddrohungen.

Alicia ist gefangen in ihrer inneren Litanei: »Ich bin so hilflos; warum ändern sie sich nicht?« Aber wenn Alicia nicht bewußt wird, daß sie selbst die Verantwortung dafür trägt, wieder die Rolle des Opfers übernommen zu haben, wird sie es zulassen, ausgenutzt und in ihren Grenzen verletzt zu werden. Wenn sie nicht anfängt, ihre Grenzen und inneren Schranken zu respektieren und sich für ihre Rechte einzusetzen, wird sie weiterhin ein hoffnungslos eingeschränktes Leben führen.

Alicia ist ein »Ja, aber …«-Mensch, so erstarrt in ihrer Identität als Opfer, daß sie auf jeden positiven Vorschlag mit »Ja, aber …« reagiert, aber gleich danach den Grund angibt, weshalb sie sich unmöglich von der Person oder aus der Situation, die sie gerade zum Opfer macht, befreien kann. Wenn ich vorschlage, daß es für ihr Selbstbild, ihr Bankkonto und ihre Ehe gut sein könnte, sich einen anderen Job zu suchen, sagt sie: »Ja, aber es gibt keine Stellen« oder: »Ja, aber ich bin mit der modernen Bürotechnik nicht vertraut.«

Wenn ich sage, daß sie unbedingt eine Therapie machen müßte, um heil zu werden und sich von dem alten Groll und den alten Denkmustern freizumachen, sagt sie: »Ja, aber das wäre so schwierig.« oder »Ja, aber es gibt keine guten Therapeuten.« Sie allein hält sich mit ihrem »Ja, aber« in ihrer unglücklichen Opferrolle gefangen.

Der einzige Weg, von der Opferrolle loszukommen, ist die Entscheidung, die persönliche Verantwortung für das eigene Leben zu übernehmen, so, wie es jetzt ist und so, wie es sein könnte. Es ist gut möglich, daß Sie dazu die Hilfe einer Therapeutin und/oder einer ehrlichen Freundin brauchen, die liebevoll aufdecken kann, wie Sie die Opferrolle benutzen und welche Konsequenzen das für Ihr Leben hat.

Eine meiner Klientinnen hat einmal gesagt: »Märtyrertum ist etwas für Notfälle!« Ich liebe diesen Satz, weil er eine tiefe Wahrheit enthält. Wir benutzen das Märtyrertum, um das zu bekommen, was wir von anderen wollen, um sie mit Hilfe von Schuldgefühlen zur Unterwerfung zu zwingen. Bei der Manipulation anderer Leute können wir Märtyrer uns so schön tugendhaft, nobel, langmütig und selbstgerecht fühlen. Aber auch unglaublich einsam.

Meine Großmutter war eine große Meisterin des Märtyrertums. Was auch immer wir für sie taten, es war nie genug. In ihrer Nähe waren wir ständigen Schuldgefühlen ausgesetzt, und demzufolge mieden wir sie, so gut es ging.

Niemand fühlt sich besonders wohl, wenn eine Märtyrerin klagt und jammert, was sie für ihre Gesundheit, ihr Glück und ihre Selbstachtung tun müßte und wie sehr sie dabei versagt habe. Indem sie in anderen Schuldgefühle weckt, vergiftet die Märtyrerin sich selbst und bewirkt genau die Situation, vor der sie sich fürchtet, nämlich Ablehnung, Liebesverlust und Isolation.

Prüfen Sie, ob Sie die Märtyrerin spielen. Die folgenden

Gedanken sind typisch für Frauen, die in diese Rolle geraten sind: »Nach allem, was ich für ihn getan habe!« oder: »Ich habe ihm die besten Jahre meines Lebens geopfert, und was habe ich nun davon!« oder: »Die Kinder könnten ruhig mal anrufen.«

Margaret, eine erstklassige Märtyrerin, sagte mir: »Die Kinder rufen nie an ... (seufz).« (Märtyrer seufzen viel.) Auf meine Frage, ob sie sie denn anriefe, erwiderte sie, das täte sie nicht, weil sie Angst hätte, die Kinder könnten denken, sie würde sich aufdrängen.

Ihre Kinder hatten es nicht leicht. Es wurde von ihnen erwartet, Mamas Gedanken zu lesen, und sie waren schuldig, wenn sie es nicht taten. Zudem hatten sie ihr ganzes Leben mit dem Märtyrertum ihrer Mutter zugebracht, so daß sie keinen besonderen Wert darauf legten, anzurufen und eine weitere Ladung Schuldgefühle aufgedrückt zu bekommen. Folglich war Margaret viel allein. Schließlich lernte sie, daß sie die Verantwortung dafür trug, anderen Menschen mitzuteilen, was sie wollte und brauchte, ohne sie durch Schuldgefühle zu bestrafen.

Die (eingebildete) Kranke

Es gibt kranke Menschen, die unglaublich tapfer sind, die ihre körperlichen Einschränkungen nutzen, um zu wachsen und über ihre intellektuellen und spirituellen Grenzen hinauszugehen. Ihre Art, mit Schmerzen umzugehen, kann uns ein großes Vorbild sein. Aber die Kranke, von der ich hier spreche, ist eine Frau, die Krankheit – ob wirklich oder eingebildet – benutzt, um dem Leben zu entkommen oder um andere Menschen zu manipulieren. Wer wird uns schon ausnutzen und unsere Grenzen verletzen, wenn wir ständig krank sind? Niemand wird von uns erwarten, daß wir uns selbst preisgeben. Niemand kann sich weigern, unsere Bedürfnisse und Wünsche zu erfüllen, wenn wir unfähig sind, für uns selbst zu sorgen.

Sonya war stark wie ein Pferd, solange ihre fünf Kinder klein waren und sie brauchten. Als die Kinder jedoch größer und selbständiger wurden und anfingen, ihr eigenes Leben zu leben, wurde Sonya immer kränklicher. Als Kind für Kind sich anschickte, von zu Hause auszuziehen, wurde Sonya kränker und kränker. Die Ärzte, die keine Ursache für ihre Beschwerden finden konnten, standen vor einem Rätsel.

Ich begegnete Sonya durch ihre jüngste Tochter Mattie, die eine Therapie bei mir angefangen hatte. Sie wollte die Schuldgefühle beschwichtigen, unter denen sie litt, weil sie von zu Hause ausziehen und ihre »kranke und hilflose« Mutter alleinlassen wollte. Wir drei machten mehrere Sitzungen gemeinsam, in denen Sonya, eine sehr am Dienst an anderen orientierte Frau, mutig ihre unbewußte Überzeugung aufdeckte, daß ihr Leben so gut wie vorbei sein würde, wenn sie nicht mehr Tag für Tag ihre Mutterpflichten zu erfüllen hätte. Ihr Körper folgte den unbewußten Anweisungen und wurde bei jedem Kind, das das Haus verließ, schwächer.

Sonya war fähig, zu begreifen, was sie getan hatte, und es zu ändern. Sie definierte ihr Leben neu und suchte sich neue Wege des Dienstes an anderen. Sie lernte einiges über das Wirken des Unterbewußtseins und ist jetzt eine sehr gesunde und aktive Frau, die geschlagenen Frauen und deren Kindern eine sichere Zuflucht bietet.

Sonyas Invalidenrolle war unbewußt; Amelias nicht. Jedesmal, wenn Amelias Familie versucht, anderer Meinung zu sein, bekommt Amelia einen Asthmaanfall und muß sich ins Bett legen. Ihre Familie kann hören, wie sie dort wegen dem, was sie »gesagt und getan haben«, nach Luft ringt. Um nicht mit dem Schuldgefühl leben zu müssen, wieder einen Anfall ausgelöst zu haben, geht Amelias Familie ihr, so gut es irgend geht, aus dem Weg.

Eine chronische Krankheit verleiht uns Macht. Tatsächlich wird dann wenig von uns erwartet ... aber sehen Sie sich den Preis an, den wir dafür zahlen müssen! Wenn wir krank sind, ist unsere Freiheit stark eingeschränkt. Die Invalidenrolle macht uns krank!

Das Biest

> Ein Mann kann als unbarmherzig bezeichnet wer-
> den, wenn er ein Land in die Steinzeit zurück-
> bombt. Eine Frau gilt als unbarmherzig, wenn sie
> einen am Telefon warten läßt.
>
> *Gloria Steinem*

Viele traditionell eingestellte Männer (und Frauen) werden Sie »Biest« nennen, wenn Sie selbstbewußt und durchsetzungsfähig sind und sich nichts gefallen lassen. Das sollte man am besten ignorieren. Aber einige Frauen verdienen diese Bezeichnung, weil sie versuchen, mit ihrer Biestigkeit die aufgestaute Frustration darüber abzubauen, daß sie sich selbst preisgeben, sich ausnutzen und auf verschiedenste Weise in ihren Grenzen verletzen lassen. Sie nörgeln, mekkern, putzen andere mit ihrem giftigen Witz herunter, kritisieren – und insgeheim weinen sie.

Ihre Biestigkeit bereitet weder dem Biest noch den Menschen, die mit ihr zu tun haben, besonders viel Freude. Biestigkeit ist gewöhnlich eine Folge stillschweigender Wut. Als langfristige Lösung ist dieses Verhalten nicht geeignet, da es das eigene Selbstwertgefühl unterminiert und von anderen Menschen entfremdet.

Adrienne pflegte an ihrem Mann herumzunörgeln, wenn er

zu spät nach Hause kam; sie beklagte sich bei ihren Freundinnen über ihn und meckerte, wenn er es wieder einmal unterlassen hatte, ein Versprechen einzulösen. Als sie zu mir in die Therapie kamen, war sie mit sich selbst ebenso unzufrieden wie mit ihm.

Sie waren in einer tödlichen Pattsituation gefangen: Sie fühlte sich vernachlässigt und im Stich gelassen, also übernahm sie die Rolle des Biests, ermahnte und nörgelte, erklärte und wetterte, weinte und tobte. Er spielte die Rolle des Märtyrers und schuldbewußten kleinen Jungen – stimmte passiv allem zu, was sie sagte und tat dann genau, was er wollte.

Adrienne war bereit, sich mit den tieferen Ursachen ihres Verhaltens auseinanderzusetzen und es zu beenden, aber ihr Mann wollte seinen Teil des Spiels nicht aufgeben, und die beiden ließen sich schließlich scheiden. Adrienne ist jetzt im großen und ganzen glücklich, obwohl sie mit Bedauern an ihre Ehe zurückdenkt. Sie ist kein Biest mehr und genießt die Erfahrung, ihr Leben selbst in die Hand zu nehmen. Ihre Liebesbeziehungen sind aufregend und von gegenseitiger Unterstützung geprägt. Ihr Exmann hat wieder geheiratet, eine Frau, die noch fordernder und schwieriger ist, als Adrienne es war. Adrienne hat das Muster durchbrochen; er nicht.

Wenn Sie auf Frustrationen reagieren, indem Sie wie ein machtloser kleiner Terrier knurren und eine geknotete Socke zerbeißen, spricht einiges dafür, daß Sie die Rolle des Biests spielen. Finden Sie heraus, was Sie frustriert. Wo lassen Sie es zu, daß Sie ausgenutzt und Ihre Grenzen verletzt werden? Haben Sie das Gefühl, so viel von sich preisgegeben zu haben, daß nichts mehr übrig ist? Frauen, die Zuflucht zur Biestigkeit nehmen, sind gewöhnlich nicht wirklich bösartig – sie haben Angst, und sie sehnen sich nach ehrlichen Beziehungen, in denen beide Partner ihre Unabhängigkeit bewahren können.

Die Kindfrau

Auch Frauen, die die Kindfrau spielen, haben Angst, aber sie versuchen sie auf genau die entgegengesetzte Art zu bewältigen. Eine Kindfrau will umsorgt, beschützt und behütet werden und gesagt bekommen, was sie tun soll. Irgendwann sind diese Frauen zu dem Schluß gekommen, daß sie erst liebenswert sind, wenn sie »geringer als der Mann« sind. Vielleicht haben sie die Vorstellung, daß sie nicht fähig sind, für sich selbst zu sorgen, von überfürsorglichen Eltern übernommen, die ihnen nie erlaubten, Entscheidungen zu treffen und aus Fehlern zu lernen. Vielleicht haben diese Eltern ihnen beigebracht, daß sie unbedingt einen Mann finden müßten, der für sie sorgt, wenn sie es schaffen wollten, durchs Leben zu kommen.

Beth, eine winzige, süße, hübsche Frau, die an einer unserer Gruppen teilnahm, hatte eine sanfte Kleinmädchenstimme und sagte, daß ihr Mann ihr viele Dinge nicht »erlaube«. Er erlaubte ihr nicht, sich ein Zimmer als Malzimmer einzurichten, obwohl er selbst ein Arbeitszimmer und einen eigenen Hobbyraum hatte. Beth hatte Angst, daß ihr Mann wütend sein könnte, weil sie in die Gruppe kam. Ich fragte: »Wie alt bist du, Beth?« Sie entgegnete: »Sechsundvierzig.« Als ich die Frage zweimal wiederholt hatte, sah sie unter gesenkten Wimpern zu mir hoch und kicherte: »Sechzehn.« Als sie sechzehn war, hatte sie ihren Mann getroffen, und in diesem Alter war sie festgefroren. Sie hatte auf das Erwachsenwerden verzichtet, um seine Liebe zu behalten. Sie fühlte sich in ihren Grenzen verletzt, zornig und ängstlich. Sie hatte Angst, daß ihr Mann sie nicht mehr liebte, wenn sie erwachsen würde.

Vor kurzem habe ich sie wiedergetroffen. Sie spricht mit selbstsicherer, erwachsener Stimme, arbeitet in der Verwaltung eines Altenheims und strebt einen Abschluß in Gerontologie an, wobei sie bei der Festlegung der Studieninhalte mitgewirkt hat. Sie ist sehr glücklich mit ihrem Mann. Ich fragte sie, wie alt sie sei, und sie erwiderte stolz: »Achtundvierzig. Und meinem Mann gefalle ich besser so!« Wie sich herausstellte, hatte er ihr Bedürfnis, ständig bevormundet zu werden, als Belastung empfunden, und er begrüßte eine gleichberechtigte Partnerschaft, wenn auch erst nach anfänglichem Widerstreben.

Wenn Sie genauer hinsehen, entdecken Sie dann bei sich Anteile der unbequemen und uns selbst sabotierenden Gefühle der Mutter, des Märtyrer-Opfers, der Kranken, des Biests oder der Kindfrau? Es kann angst machen, das eigene Verhalten mit ehrlichen Augen zu sehen. Aber wir können uns mit dem Gedanken trösten, daß praktisch alle Menschen, die das tun, viele Dinge entdecken, die geändert werden müssen, und daß wir alle die Fähigkeit in uns haben, uns zum Besseren hin zu ändern.

Wenn wir uns ändern, geraten auch unsere Beziehungen zu anderen Menschen in Bewegung. Es ist unmöglich, daß eine Beziehung so bleibt, wie sie ist, wenn einer der Partner sein Verhalten ändert. Wir werden frei, wenn wir unserer Angst vor Veränderung ins Auge sehen und trotzdem handeln. Wir können sogar die noch größere Angst, für immer in unserem qualvollen alten Trott zu bleiben, dazu benutzen, uns zum Handeln anzutreiben. Oft sind die uns nahestehenden Menschen erleichtert, wenn wir aufhören, uns selbst preiszugeben.

KAPITEL VIER

LEBEN
OHNE HÖHEN UND
TIEFEN

Es ist nicht das Ende des physischen Körpers, das
uns Sorgen machen sollte. Die wirkliche Herausforderung besteht darin, die Zeit, die wir haben,
voll zu leben – um unser inneres Selbst von dem
spirituellen Tod zu erlösen; dieser rührt daher,
daß wir versteckt hinter einer Fassade unseres
Seins leben, die wir aufgebaut haben, um einer
äußeren Definition zu entsprechen.

Elizabeth Kübler-Ross

Emotional abhängige Frauen tragen oft das unausgesprochene Gefühl mit sich herum, daß sie irgendwie etwas
verpassen, daß das Leben an ihnen vorbeigeht. Das Leben
versprach so aufregend zu werden, voller Freuden und
Überraschungen, und jetzt hat es sich als so öde und trocken
erwiesen wie eine Salzwüste. Wenn unser Leben aber fade
und schal ist, führen wir unser Leben sehr wahrscheinlich
nach den Vorstellungen anderer und sind nicht das Risiko
eingegangen, herauszufinden, wer *wir* sind und was *wir*
wollen.

Eines der wichtigsten Wörter in einem abgeflachten Leben
ohne Höhen und Tiefen lautet »Wenn«: Wenn ich nur …
Wenn ich nur nicht … Wenn er nur … Wenn ich gewußt
hätte … Wenn nur, wenn nur, wenn nur …

Das »Wenn« ist Unkenntnis gepaart mit Furcht: Unkenntnis
der Möglichkeiten, die es im Leben gibt, und Angst davor,
die Risiken einzugehen, die damit verbunden sind, diese

Möglichkeiten zu ergreifen und der Mensch zu sein, der wir eigentlich sind.

Kinder sind von Natur aus risikobereit. Sie gehen mit weit offenen Armen auf die Welt und andere Menschen zu. Für Kinder ist das Leben voller Berge und Täler, die darauf warten, erforscht zu werden. Am Leben eines gesunden, spontanen kleinen Mädchens ist nichts Gleichförmiges: In einem Moment rollt es freudig und begeistert auf dem Boden herum; im nächsten Moment schluchzt es und greift aggressiv nach seiner Puppe.

Wenn wir merken, daß das Verhalten eines Kindes flau und gleichförmig ist, messen wir seine Temperatur. Wieso halten wir es dann für gut, wenn *unser* Leben wie eine langweilige, gleichförmige Ebene ist? Was ist gut an einem Leben, das zwar sicher ist, aber in dem es weder Staunen, Enthusiasmus, Zorn noch Freude gibt? Was ist normal daran, aus einem inneren Ort heraus zu leben, der keine spontane Dankbarkeit, kein Gefühl von Richtigkeit und Harmonie mit dem übergeordneten Plan der Dinge kennt?

Oft fallen wir so allmählich in die Gewohnheit eines faden und langweiligen Lebens, daß uns nicht bewußt ist, wie flau und nichtssagend es bereits geworden ist. Als mein erster Mann mich verließ, wurde mir bewußt, wie eintönig mein Leben gewesen war. Nachdem der Schock nachgelassen hatte, durchlebte ich eine Explosion von Gefühlen. Ich war deprimiert, geriet dann in rasenden Zorn und bebte vor Verlangen nach Rache. Ich erwog, Selbstmord zu begehen, und schwelgte in wilden Phantasien über die Möglichkeiten, die mir jetzt offenstanden.

Es dauerte Jahre, bis diese Wunden geheilt waren, und in ihnen durchlebte ich eine so große Spannbreite an Gefühlen, wie ich sie nicht mehr erfahren hatte, seit ich fünfzehn war. Mir wurde bewußt, wie schmerzlich mein Leben durch seine Eintönigkeit gewesen war, und ich beschloß, etwas dagegen zu tun. Eine meiner ersten, flüchtigen Reaktionen war: Nie wieder werde ich es zulassen, daß mir so wehgetan wird. Nie, nie, nie! Um mich selbst zu schützen, schloß ich mich in eine emotionale Kuppel ein, unerreichbar und unverwundbar. Aber diese Phase ging bald vorbei, da ich zu verstehen begann, auf welche Weise ich selbst an der Trennung beteiligt war. In meiner emotionalen Abhängigkeit hatte ich meinem eigenen Leben die Höhen und Tiefen genommen. Während meiner ersten Ehe war ich nicht bereit, mir bewußt zu machen, was in mir vorging. Das war zu gefährlich. Ich entwickelte Verteidigungsmechanismen. Ich wurde äußerlich gesehen witzig, machte meinem Zorn versteckt und kraftlos Luft, indem ich komische, aber bösartige Geschichten erzählte. Später, als ich in der Lage war, meine Handlungen klar zu erkennen und mit Liebe und Vergebung zu betrachten, entschied ich mich, anders zu handeln. Ich ersetzte mein Versprechen, mich nie wieder verletzen zu lassen, durch zwei Grundsätze, mit denen ich immer noch lebe.

Der erste lautet: *Ich entscheide mich dafür, bewußt zu leben.* Für mich bedeutete das die Verpflichtung, Risiken einzugehen und *alle* meine Gefühle zuzulassen, die freudigen, die schmerzlichen und die neutralen. Mein ganzes Leben hatte ich versucht, dem Schmerz zu entgehen; jetzt lernte ich, daß ich alles annehmen mußte, was das Leben zu bieten hatte, wenn ich wirklich leben wollte: den Schmerz ebenso wie die Freude – die gesamte Skala meiner Gefühle. Diese Entscheidung fiel mir nicht leicht, und ich traf sie nicht leichtfertig.

Die folgende Passage aus Khalil Gibrans Buch *Der Prophet* war mir dabei eine ungeheure Hilfe:

Eure Freude ist euer Leid ohne Maske.
Und derselbe Brunnen, aus dem euer Lachen auf-
steigt, war oft von euren Tränen erfüllt.
Und wie könnte es anders sein?
Je tiefer sich das Leid in euer Sein eingräbt,
desto mehr Freude könnt ihr fassen.

Der zweite Grundsatz lautet: *Ich werde mich nie wieder selbst preisgeben.* Sich selbst preiszugeben erschöpft einen so lange, bis man das Gefühl hat, kein Ich mehr zu haben. Ich entschied mich, statt dessen meine Grenzen auszuloten. Was wollte ich mit meinem Leben anfangen? Mit wem wollte ich zusammensein? Welches Verhalten konnte ich akzeptieren? Was konnte ich tun, um unabhängiger zu werden und mehr lieben zu können? Wie konnte ich meine Kinder liebevoll, aber trotzdem *fest* erziehen? Wie konnte ich geheilt werden, damit ich nicht wieder in Versuchung geriet, mich selbst preiszugeben?

»JE HÖHER DU KOMMST, DESTO TIEFER WIRST DU FALLEN«

Viele Menschen haben die Vorstellung, daß das Leben ein Kuchen ist. Er wird in großen und kleinen Stücken ausgeteilt, und wenn er alle ist, ist er alle. Daher fordern wir die Götter nicht heraus, indem wir zuviel verlangen. Betteln wir nicht gerade darum, enttäuscht zu werden, wenn wir um mehr bitten, als uns zusteht? Oft wird uns früh beigebracht, daß wir um so tiefer fallen werden, je höher wir gekommen sind.

Als wir Kinder waren und die Freude, etwas zu riskieren und

uns mit aller Kraft für etwas einzusetzen, noch etwas Natürliches für uns war, warnten unsere Eltern uns:

– *Sei doch nicht so aufgeregt.*
– *Denk daran, bei den Cheerleaders sind nur zwei Plätze frei, und 14 Mädchen bewerben sich darum.*
– *Häng dein Herz nicht zu sehr daran.*
– *Heute magst du lachen, aber morgen wirst du weinen.*
– *Erwarte nicht zuviel von (–). (»Der Ehe« wird hier oft eingesetzt!)*
– *Das Leben ist hart.*
– *Tu nichts, was die Sache gefährden könnte.*

Welche unterschwelligen Botschaften liegen diesen Äußerungen zugrunde?
Vielleicht unter anderem diese:

– *Es ist gefährlich, etwas zu riskieren.*
– *Es ist gefährlich, zu hoffen, gefährlich, glücklich zu sein oder zu erwarten, daß das Leben schön und erfüllend sein wird.*
– *Es ist nie genug für alle da.*
– *Gib deine kindliche Ehrfurcht und dein kindliches Staunen auf.*

Ich kenne eine Frau, deren liebste Äußerung ist: Das Leben ist hart, und schließlich sterben wir. Wie stellen Sie sich eine Frau vor, deren Leben von einer solchen Einstellung bestimmt wird? Leidet sie ständig unter Mangel? Ja. Klammert sie sich am Gewohnten fest, weil es ihr angst macht, Risiken einzugehen? Ja. Sie ist überzeugt, daß das Leben hart ist, und folglich ist es für sie hart. Sie bekommt das, was sie glaubt, daß das Leben ihr geben wird.
Gehörten Sie in Ihrer Familie zu den älteren Kindern, und können Sie sich an die Geburt Ihres ersten Geschwisterchens erinnern? Ich ja. Ich erinnere mich, daß ich aufgeregt

und auch ängstlich war. Würden meine Eltern uns beide lieben können? Sie versicherten mir, daß sie das tun würden, und ich begann, mich auf das Baby zu freuen. Dann sagte meine Großmutter etwas zu mir, das sich eine Siebenjährige nur zu leicht zu Herzen nehmen konnte: »Deine Eltern werden bald ein Kind haben, das sie mehr lieben werden als dich, aber ich habe dich immer noch lieb.« Sie können sich vorstellen, wie ich nach dieser Äußerung meine kleine Schwester willkommen hieß – mit offener Feindseligkeit. Ich glaubte, ungeliebt zu sein, und so fühlte ich mich ungeliebt. Ich *wurde* geliebt, aber über viele, für mein Leben entscheidende Jahre konnte ich mich nicht geliebt fühlen; und das trug viel dazu bei, daß ich mich als Erwachsene in einem Leben ohne Höhen und Tiefen einrichtete. Erst durch die liebende Hilfe von Freunden, meiner Mutter und einer Therapie gelang es mir schließlich, heil zu werden.

Lindas Familie vermittelte ihr die Botschaft *»Tu etwas richtig oder laß es ganz sein!«* Linda bekam nie die Erlaubnis, etwas zu lernen, etwas zu riskieren und auszuprobieren. Folglich entwickelte Linda ein Verhaltensmuster, das sie »etwas falschmachen und es hinschmeißen« nennt. Da niemand beim allerersten Mal alles richtig macht, und sie nie ermutigt worden war, Fehler zu machen und aus ihnen zu lernen, hatte sie keinen Rückhalt, der ihr Auftrieb geben konnte, wenn etwas schief ging. Sie fing eine ganze Reihe von Dingen – unter anderem Eislaufen und Ballett – an, machte etwas falsch und gab es auf.

Linda hatte Angst, aufzusteigen, weil sie sich vor dem Fallen fürchtete. Ihre Angewohnheit, alles aufzugeben, sobald sie etwas falsch gemacht hatte, führte dazu, daß sie Angst bekam, etwas überhaupt nur zu versuchen. Also gab sie sich mit immer weniger zufrieden, gab Träume fast schon auf, bevor sie sich ihrer völlig bewußt geworden war. Ihr Leben wurde gleichförmig, ohne Höhen und Tiefen.

Die Geschichte hat ein glückliches Ende: Als Linda sich ihrer einschränkenden Verhaltensmuster bewußt wurde, gab sie sich selbst die Erlaubnis, etwas zu tun, auch wenn es vielleicht nicht perfekt wurde. Linda ist dabei, sich selbst eine liebende Mutter zu werden, und sie findet langsam mehr und mehr den Mut, sie selbst zu sein. Ich bin ihr vor kurzem begegnet, und sie war voller Enthusiasmus über eine neue Stelle, die sie gefunden hatte, und sprühte vor Energie. Sie sagte mir, sie würde immer noch Fehler machen, aber sie hätte sich selbst versprochen, nie wieder alles aufzugeben.

SICHERHEIT UM DEN PREIS DES BEDAUERNS

Wenn wir uns mit weniger zufriedengeben, um uns sicher fühlen zu können, werden wir das immer bedauern. Wenn wir unsere Träume aufs Spiel setzen, weil wir uns selbst durch negative Vorstellungen einschränken, die wir als Kinder oder Erwachsene aufgelesen haben; wenn wir es hinnehmen, daß wir nicht bekommen werden, was wir wollen und brauchen; wenn wir glauben, daß Mangel sicherer ist als Überfluß – dann wird unser Leben uns umschließen wie eine warme, sichere, aber erstickende Decke.

Wenige Enttäuschungen sind größer als die, zugeben zu müssen, daß unser Leben aus einer Anreihung von Kompromissen bestanden hat, so daß wir uns jetzt stumpf und teilnahmslos fühlen und den Kontakt zu unseren Träumen verloren haben. Früher pflegte mein Vater zu sagen, wenn ich deprimiert war: »Das ist nur eins der kleinen Täler auf der Hochstraße des Lebens.« Damals wußte ich das nicht so recht zu würdigen, aber mittlerweile weiß ich, wie recht er hatte. Wenn wir uns an den »Hochstraßen« des Lebens erfreuen wollen, müssen wir von den Tälern lernen und in ihnen wachsen.

Wir brauchen Sicherheit, aber sie kann für einen zu hohen Preis erkauft werden. Eine Sicherheit, die wir für freudiges, kreatives Wachstum und Wandel erkauft haben, erstickt uns nur. Natürlich fühlt sich die Raupe in ihrem Kokon sicher, aber wenn sie aus ihm herauskommt, muß sie ihre Flügel ausbreiten und es riskieren, zu fliegen.

Geben Sie Ihr Bedürfnis nach Sicherheit auf, das Sie voll Bedauern zurückläßt. Verwandeln Sie Ihre Trauer über die Gleichförmigkeit eines Lebens ohne Höhen und Tiefen, indem Sie sich entschließen zu fliegen. Haben Sie den Mut, sich emporzuschwingen. Entfalten Sie Ihre Flügel, und riskieren Sie es. Sie *können* es schaffen.

Sie haben den Mut, den Sie brauchen, um die emotionale Abhängigkeit zu überwinden, bereits in sich. Allein das Lesen dieses Buches, das voller Herausforderungen an Sie steckt, zu wachsen und sich zu wandeln, ist mutig. Und jetzt werden wir uns eine »Landkarte« ansehen, die ich bei meiner Reise zur Selbstfindung als außerordentlich hilfreich empfunden habe.

KAPITEL FÜNF

DORTHIN GELANGEN: EINE LANDKARTE

> Wir sind noch nicht am Ziel unserer Reise ange-
> kommen, aber wir sind auch nicht mehr da, wo
> wir sie einmal begonnen haben.
>
> *Natasha Jasefowitz*

Sitzen Sie an der Straße Ihres Lebens und warten darauf, daß jemand kommt und Sie mitnimmt? Jemand, der Sie auf *seine* Reise mitnimmt? Uns Frauen ist beigebracht worden, geduldig auf das Leben zu warten. Zu unseren besten Reiseleitern gehörten Doris Day und Rock Hudson, Ozzy und Harriet Nelson und Fernsehserien wie *Father Knows Best* – und unsere eigenen Mütter.

Wer hätte je davon gehört, daß eine *Maid* einen in Gefahr geratenen Ritter gerettet hätte? Wir machen es ständig, aber uns ist beigebracht worden, so zu tun, als säße ein anderer auf dem Fahrersitz unseres Lebens. So geht das jedoch nicht! Denn es ist unsere Reise. Wir müssen unseren eigenen Weg finden und unsere eigenen Entscheidungen treffen, wenn wir uns selbst treu bleiben wollen.

Ganz gleich, wohin unsere Reise geht – zum Supermarkt, zur Arbeit, nach Spanien, in die Karriere oder in die Ehe –, wir brauchen Karten, die uns den Weg zu unserem Ziel zeigen. Auch wir als Frauen, die sich von emotionaler Abhängigkeit befreien wollen, brauchen Landkarten. In diesem Buch möchte ich Ihnen Landkarten vorstellen, die mir, meinen Klientinnen und Freundinnen geholfen haben, zu einer größeren inneren Freiheit zu finden. Ich möchte Sie ermutigen, diese Karten mit Güte und Nachsicht gegenüber sich selbst zu benutzen.

Eine Straßenkarte besteht gewöhnlich aus einer großen Übersichtskarte sowie kleineren Stadtplänen zu dem betreffenden Gebiet. Ich werde Ihnen jetzt die »Übersichtskarte« für dieses Buch zeigen:

ÜBERSICHTSKARTE

BEWUSSTWERDEN: Werden Sie sich Ihrer Gefühle *bewußt*. Ein innerer Bewußtseinswandel ist der Neubeginn zu einer äußeren Veränderung.

EINGESTEHEN: *Erzählen* Sie einer Freundin oder Therapeutin, der Sie vertrauen, was Ihnen bewußt geworden ist.

AKZEPTIEREN: *Akzeptieren* Sie, wo Sie stehen und was Sie fühlen. Geben Sie sich eine Chance! Sie sind o. k., so wie Sie sind, auch wenn Sie sich ändern wollen!

Der erste und grundlegendste Schritt jeder Veränderung, so klein sie auch sein mag, und jedes Wachstums ist, zu wissen, was wir fühlen, wie wir denken und was wir an unserem Leben gern ändern würden. Mit anderen Worten, zunächst müssen wir uns bewußt werden, wo wir stehen und wo wir hingehen wollen. Dann müssen wir dies einem anderen Menschen offen sagen. Dieses Eingeständnis läßt uns ehrlich bleiben und hilft uns dabei, unsere Probleme nicht länger zu verleugnen. Wenn wir uns selbst und einer vertrauten Freundin offen und realistisch eingestanden haben, was uns bewußt geworden ist, werden wir eher zu einer Veränderung bereit sein. Schließlich müssen wir uns selbst annehmen. Dieser Schritt gibt uns den Antrieb, unsere einschränkenden Verhaltensmuster zu überwinden, und er liefert uns die Energie, die wir benötigen, um uns auf den Weg zu machen.

Sehen wir uns diese drei Schritte etwas genauer an.

Bewußtwerden

Jede Veränderung beginnt damit, daß wir uns etwas bewußt machen. Wenn uns bewußt wird, was wir denken, und sogar noch wichtiger, was wir fühlen, ist es uns möglich, an unserer Einstellung und unserem Verhalten zu arbeiten und sie zu verändern. Andernfalls wird uns ein Gefühl, das uns nicht bewußt ist, beherrschen. Wenn wir ein Gefühl unterdrücken oder verdrängen, verlieren wir die Kontrolle darüber, wie wir ihm Ausdruck verleihen, und dennoch *werden* wir zeigen, was wir fühlen. Ein verdrängtes oder unterdrücktes Gefühl gewinnt so lange an Stärke, bis es nicht mehr zurückgehalten werden kann, und mit großer Wahrscheinlichkeit wird es dann auf destruktive Art aus uns herausbrechen. Werden wir uns hingegen unserer Gefühle früh genug bewußt, können wir darüber *bestimmen,* wie wir sie auf konstruktive Art zum Ausdruck bringen können.

Damit will ich nicht sagen, daß es leicht ist, sich seiner Gefühle bewußt zu werden. Viele Menschen bringen ihr ganzes Leben mit dem Versuch zu, andere zufriedenzustellen, ohne je darüber nachzudenken, was sie selbst wollen oder brauchen.

Das folgende Gedicht schrieb Roseanne, eine berufstätige Frau mit zwei Kindern, einem Ehemann und einem schwierigen Schwiegervater, der bei ihnen im Haus wohnt.

71

Samstag

Die Familie macht einen Ausflug.
Ich habe meine Pflichten auf die lange Bank
geschoben.
An diesem Samstag wollte ich
etwas Zeit nur für mich haben.

Aber das Leben ist voller Verdruß.
Eine Tatsache, die mich auf
unvorhergesehene
Komplikationen hätte vorbereiten sollen –
Ich habe vergessen, was ich gerne tue!

Roseanne hatte sich selbst verloren, da sie ständig andere zufriedenstellte. Sie litt unter Depressionen, weil sie ihre eigenen unbefriedigten Bedürfnisse verdrängt hatte. Als sie allmählich erkannte, daß auch sie Rechte hatte, daß sie nicht verpflichtet war, sich auf dem Altar der Familie und des Berufs aufzuopfern, wurden ihr auch ihre eigenen Wünsche und Bedürfnisse bewußt. In der Therapie begann sie sich von dem alten, belastenden Gefühl zu befreien, daß die Verantwortung für das Leben aller Menschen um sie herum in ihren Händen läge. Heute hat sie die Freiheit, ihr eigenes Leben zu leben, und daher kann sie ihrer Familie mit viel mehr Liebe begegnen als früher.

Achtung! Es kann passieren, daß andere Sie als egoistisch bezeichnen oder daß Sie sich selbst egoistisch vorkommen, wenn Sie anfangen, Ihre eigenen Gefühle und Bedürfnisse wahrzunehmen. Die meisten Frauen haben gelernt, immer zuerst an andere zu denken. Daher wird es Ihnen zu Anfang seltsam und vielleicht sogar selbstsüchtig vorkommen, Ihre Gefühle, Wünsche und Bedürfnisse nicht zu verleugnen. Aber denken Sie daran, daß die Unterdrückung Ihrer Bedürfnisse und Sehnsüchte Ihnen und den Menschen, die Sie lieben, großen Schaden zufügen kann. Das sollte Ihnen helfen, den Mut zu finden, sich über Ihre Gefühle klar zu werden.

Ein weiteres Hindernis ist die Tatsache, daß es sich manchmal kurzfristig gesehen auszahlt, Gefühle wie Schmerz und Zorn nicht wahrzunehmen. Ruth wurde als Kind von ihrer Mutter geschlagen, wenn sie unartig war oder etwas sagte, obwohl sie nicht gefragt worden war. Ruth lernte, ihre Gefühle abzuschalten, sich so unsichtbar wie möglich zu machen, sich abzusondern und enge Beziehungen zu vermeiden. Als Kind waren das wertvolle Fähigkeiten, die ihr halfen zu überleben: Jetzt, wo sie erwachsen ist, leidet sie sehr darunter.

Ruth beherrschte die Kunst, sich von ihren Gefühlen abzutrennen, so meisterhaft, daß sie den Schmerz dieser Schläge tatsächlich nicht spürte. Heute hat das kleine Mädchen in ihr, das sie immer noch verzweifelt zu beschützen versucht, Angst davor, anderen Menschen zu nahe zu kommen. Das hat zur Folge, daß Ruth sich schrecklich isoliert und einsam fühlt. Die Verhaltensmuster, die ihr früher geholfen haben zu überleben, halten sie heute von anderen Menschen getrennt.

Viele Entscheidungen aus unserer Kindheit waren zu jener Zeit klug und weise. Wir sollten sehr geduldig und freundlich mit uns selbst umgehen, wenn wir uns darum bemühen, unsere Ängste auf neue und kreativere Art zu bewältigen. Es ist in keiner Weise angemessen, sich wegen Verhaltensmustern schuldig zu fühlen, die früher vielleicht zu unserem Überleben beigetragen haben. Schließlich haben wir damals getan, was wir konnten. Und bei vielen Menschen war das wirklich heroisch!

Heute jedoch sind wir wirklich berechtigt, zu denken und

zu fühlen, was wir wissen und erfahren. Es kann innerlich sehr befreien, wenn wir uns einfach nur darüber klar werden, daß es uns nicht gefällt, wenn jemand etwas Bestimmtes zu uns sagt. Freiheit beginnt damit, daß wir wissen, was wir fühlen.

Das Bewußtwerden unserer Gefühle fängt mit einer inneren Befragung an: Was empfinde ich? Seit wann fühle ich mich so? Was für körperliche Verspannungen löst das Gefühl aus? Ist es mir vertraut? Schränkt es mich irgendwie ein? Wovor habe ich Angst?

Innere Dialoge helfen uns dabei, nicht mehr den Umständen oder anderen Leuten die Schuld an unseren Verletzungen und Enttäuschungen zuzuschieben. Sie ermöglichen es uns, die Verantwortung für unsere eigene Reaktion auf uns zu nehmen. Wenn wir Probleme mit uns selbst durchsprechen, werden wir mehr und mehr in der Lage sein, selbst das Lenkrad unseres Lebens in die Hand zu nehmen.

Das Wesentlichste dabei ist, die Verantwortung für das, was geschieht, nicht nur bei anderen zu suchen. Wir sind vielleicht nicht in der Lage, die Situation zu verändern, aber wir können bestimmen, wie wir auf sie reagieren. Wie habe ich mich in dieser Situation verhalten? Warum habe ich so und nicht anders gehandelt? Warum sage ich das jetzt? Welchen Anteil habe ich an dieser Situation?

Diese innere Zwiesprache sollte unbedingt behutsam geführt werden. Wenn Sie sich die Schuld an allem geben und sich deswegen beschimpfen, versinken Sie in Schuldgefühlen, und das wird Sie daran hindern, unerfreuliche Gefühle zu überwinden. Benutzen Sie Ihre Verantwortung für Ihr Leben nicht als Vorwand für Selbstkasteiungen. Wenn Sie anfangen, sich schuldig zu fühlen, fragen Sie sich: Wer verlangt von mir, daß ich mich schlecht fühle? Wahrscheinlich werden Sie dann auf eine kritische Elternstimme stoßen, die Sie verinnerlicht haben.

Häufig sprechen wir mit unserem inneren, verwundbaren Kind, wenn wir Zwiesprache mit uns selbst halten. Wenn wir uns nicht sehr verständnisvoll und nachsichtig verhalten, wird unser inneres Kind sich verstecken, und wir werden unfähig sein zu verstehen, warum es sich für ein Verhalten entscheidet, das uns heute einschränkt.

Es ist, als würden wir in einen dunklen Schrank leuchten, um alle Schreckgespenster und bösen Kobolde zu verscheuchen, wenn wir uns unserer Gefühle bewußt werden. Sie mögen jetzt denken: »Die hat leicht reden, aber ich habe so viel Schrott in diesem Schrank versteckt, daß ich darunter begraben sein werde, wenn ich die Tür öffne.« Aber deswegen lesen Sie ja dieses Buch: um praktische Methoden zu lernen, die Ihnen dabei helfen werden, sich schrittweise mit den Ängsten auseinanderzusetzen, die Sie bewältigen können.

Bei meiner Arbeit mit Frauen habe ich festgestellt, daß wir einen inneren Kontrollmechanismus zu haben scheinen, der uns nur so viele schleimige Kröten und Bestien austeilt, wie wir zur Zeit bewältigen können. Die Furcht, von unseren Ängsten überwältigt zu werden, kann uns behindern, wenn sie dazu führt, daß wir uns unterfordern, und wenn sie uns davon abhält, uns unseren problematischeren Gefühlen zu stellen.

Wenn Sie das Gefühl haben, unter verborgenen Ängsten zu leiden, die mit vulkanischer Kraft auszubrechen drohen, suchen Sie unbedingt sofort einen Therapeuten auf. Versuchen Sie nicht, allein mit der Arbeit zu beginnen. Manche Menschen haben verdrängte Ängste, die nur mit der geduldigen Hilfe eines Psychotherapeuten geheilt werden können.

Vielleicht brauchen Sie manchmal eine starke, objektive Hand, an der Sie sich festhalten können. Aber meistens schaffen wir es, unsere inneren Entdeckungen so einzuteilen, daß wir sie bewältigen können.

Eingestehen

Der nächste Schritt ist, nach unserem neuen Bewußtsein zu handeln. Wenn wir unsere neuen Erkenntnisse offen bekennen, hilft uns das dabei, wieder engere Beziehungen zu anderen Menschen zu knüpfen. Angstvolle Geheimnisse trennen uns von anderen. Sie sind wie Pilze ... stell sie an eine dunkle Stelle, dünge sie großzügig mit Mist, und sie werden »wie Pilze aus dem Boden schießen«!

Wenn wir ehrlich und behutsam unsere Gefühle und Einstellungen eingestehen, brechen wir die Isolation und Einsamkeit auf, in der wir leben. Wir alle brauchen das Gefühl, verstanden zu werden und mit anderen verbunden zu sein. In einem Klima nichtverurteilender Liebe können wir wahrhaftig der Mensch werden, als der wir gedacht waren.

Es gibt viele verschiedene Methoden, das zu tun. Ich selbst spreche offen und ehrlich über meine Ängste und die dunklen, bösen Gefühle, die in mir stecken. Wenn ich meine Gefühle in Worte fasse, kann ich sie schneller und besser verarbeiten. Wenn meine Gefühle heraus sind, offen ausgesprochen im Raum stehen, kann ich mir über sie Klarheit verschaffen, sie verstehen und verändern. Ohne einen verständnisvollen Zuhörer brauche ich viel länger, um mir über meine Gefühle klarzuwerden. Wenn kein verständnisvoller Zuhörer da ist, führe ich mit Hilfe meines Tagebuchs mit mir Selbstgespräche.

Der Prozeß der inneren Verarbeitung funktioniert bei mir

am besten, wenn er nach außen gebracht wird. Gefühle, die ich nicht offen angesprochen habe, packen mich am Hals und würgen mich. In meinem Selbstfindungsprozeß war es für mich von äußerster Wichtigkeit, Menschen gefunden zu haben, die mir zuhören, ohne mich zu verurteilen, und die wissen, wie ich es weiß, daß »auch dies vorübergehen wird«. Ich ordne meine Gedanken beim Sprechen, aber es gibt da verschiedene Methoden.

Werden Sie sich darüber klar, auf welche Art und Weise Sie sich am besten Ihre Gefühle eingestehen können, welche Methode Ihnen am natürlichsten vorkommt. Was könnte Sie darin unterstützen, wirklich Sie selbst zu werden? Hilft es Ihnen, wenn Sie aufschreiben, was Sie fühlen? Oder wenn Sie im Auto laut mit sich selbst sprechen? Seien Sie flexibel, experimentieren Sie. Finden Sie eine Methode, die für Sie richtig ist.

Irgendwann wird es für Sie wichtig sein, mit einem anderen Menschen über Ihre Gedanken und Gefühle zu sprechen. Das wird Ihre Bewußtwerdung verstärken, und wenn Sie die Erfahrung machen, sich von einem anderen Menschen angenommen zu fühlen, werden Sie sich auch selbst besser akzeptieren können.

Nur zu oft lassen wir Gefühle zu, die uns einschränken, indem wir mit einer verurteilenden, befehlenden Stimme mit uns selbst sprechen und etwa sagen: *Du solltest; du mußt; du sollst nicht.* Diese Worte lösen die innere Reaktion: *Ich will nicht! Ich kann nicht!* aus. Um diesen inneren Bürgerkrieg zu vermeiden, verwenden Sie Worte wie *ich könnte, ich ziehe es vor, ich möchte, ich kann, ich will, ich will nicht.* Das scheint ein allzu simpler Kunstgriff zu sein, ist es aber nicht. Worte wie *ich sollte* und *ich muß* implizieren, daß Sie in der Angelegenheit kein Mitspracherecht haben. *Ich will* und *ich möchte* sind Worte, die Ihnen die Freiheit geben, eine bewußte Entscheidung zu treffen. Haben Sie jemals zu jemandem gesagt: »Ich bin so traurig«, nur um zu erleben, daß Ihr Gesprächspartner streng entgegnete: »Dazu hast du überhaupt keinen Grund!« Das machte dem Gespräch ein Ende, stimmt's? Sie fühlten sich nicht mehr mit dem anderen verbunden. Suchen Sie sich die Menschen sehr gut aus, denen Sie Ihre geheimsten Gefühle mitteilen. Sie haben ein Recht auf Ihre Gefühle, wie auch immer sie aussehen mögen. Sie können Ihre schmerzlichen Gefühle nur umwandeln und heilen, wenn Sie sich sicher fühlen können und spüren, daß Sie angenommen werden.

Lernen Sie, anderen eine vertrauenswürdige Freundin zu sein, und suchen Sie sich Freunde und Therapeuten, bei denen Sie das Gefühl haben, daß Sie ihnen vertrauen können. Verlassen Sie sich dabei auf Ihre Intuition. Sie können Ihre Gefühle nur ehrlich erforschen, wenn Sie keine Angst haben müssen, wie andere darauf reagieren werden.

Wenn wir gesagt bekommen, daß wir uns nicht traurig oder einsam fühlen »sollten«, werden wir zögern, uns wieder zu öffnen. Und das mit Recht! Wir brauchen und verdienen es, mit Zärtlichkeit, Respekt und Verständnis behandelt zu werden. Wenn wir heil werden und wachsen, ist es am besten für uns, uns nur solchen Menschen zu öffnen, die das Eingeständnis unserer Gefühle behutsam akzeptieren können.

Also, erzählen Sie Ihre Geheimnisse nur einem Menschen, der Sie ernst nimmt, indem er zuhört, ohne zu bewerten. Wenn wir mit einer vertrauten Freundin über unsere wirklichen und eingebildeten Unzulänglichkeiten sprechen und über unser Bemühen, uns zu ändern, lernen wir, uns selbst zu vergeben.

Akzeptieren

Tu dein Bestes, selbst wenn du augenscheinlich
Fehler machst. Wie kannst du beurteilen, ob es
falsch war, was du getan hast? Du kannst nur dem
höheren Drang gehorchen, der dich veranlaßt, im
Dienst an der Gemeinschaft der Menschen und
Engel dein Bestes zu geben. So wirst du ein ständig
wachsender Kanal für das Licht sein.

White Eagle

Der dritte Schritt ist das Annehmen. Wenn Sie sich Ihrer
Gefühle und Gedanken bewußt geworden sind und sie sich
und anderen eingestanden haben, müssen Sie sie akzeptieren, um sie verändern zu können.

Denken Sie daran: Gefühle sind weder richtig noch falsch –
sie *sind* einfach. Wenn Sie Ihre Gefühle so akzeptieren
können, wie sie sind, werden Sie das Risiko eingehen können, anderen gegenüber ehrlich zu sein. Kritisieren und
verurteilen Sie sich wegen Ihrer Gefühle, werden Sie sich
verschließen, Ihre Gefühle verbergen und im Umgang mit
sich selbst und anderen weniger ehrlich sein.

Wer wird schon gern eingeschüchtert und niedergemacht?
Wie oft haben Sie Dinge gesagt wie: »Ich weiß, es ist blöd,
aber ich habe das Gefühl ...« oder »Ich weiß, es ist schrecklich, aber ich würde am liebsten ...« oder (einer meiner
alten Lieblingssprüche): »Oh, was bin ich für ein Trottel!
Wie dumm von mir.« Wenn unsere Gefühle immer mit
derartig lieblosem, verdammendem Gerede aufgenommen
werden, ist es kein Wunder, daß wir sie für uns behalten
wollen!

Wir können uns von den alten Regeln über Richtig und
Falsch und von einem inneren Dialog, mit dem wir uns
selbst niedermachen, befreien. Mein eigener innerer Dialog war früher qualvoll. Wenn ich beispielsweise jeman-

den nicht leiden konnte, machte ich mich mit so großartigen Beschimpfungen wie: »Wer bist du schon, daß du sie nicht leiden kannst? Du bist selbst langsam wie eine Schnecke!« oder: »Du bist nur ein netter Mensch, wenn du alle Leute gern hast«, selbst fertig.

Wenn ich jetzt etwas Derartiges fühle, sehe ich mir meine Gefühle genau an, überprüfe, ob es etwas gibt, das ich zu lernen habe, vertraue mich wenn möglich einer Freundin an, und dann sage ich mir: »Das ist schon in Ordnung. Du mußt nicht alle Leute mögen.«

Akzeptieren Sie Ihre Gefühle genau so, wie sie sind. Wenn Sie das tun, sorgen Sie für ein inneres Klima, in dem Wachstum und Veränderung möglich sind. Wenn Sie Ihre Gefühle akzeptieren, müssen Sie sie nicht länger verbergen oder etwas vortäuschen, was nicht da ist. Sie können offen sein, und die offenbarten Geheimnisse können verwandelt werden. Wenn wir uns selbst annehmen, lassen wir uns eine liebevolle Pflege zuteil werden; und das ermöglicht uns, uns zu der wunderschönen Blume zu entfalten, zu der wir bestimmt waren. Respektieren Sie, wo Sie stehen und was Sie fühlen. Dann können Sie sich dafür entscheiden, weiterzugehen und sich zu ändern. Geben Sie sich selbst eine Chance! Sie sind o.k., so wie Sie sind, und Sie sind auf dem besten Wege, das noch mehr zu werden.

Die Selbstannahme ist ein Akt der Vergebung: Sie bitten sich selbst um Vergebung. Danach können wir auch anderen leichter vergeben und sie annehmen, so wie sie sind.

Es gibt ein ausgezeichnetes Mittel, um Selbstannahme und Vergebung zu fördern: die Visualisierung. Denken Sie an etwas, das Sie an sich selbst nicht mögen oder an etwas, von dem Sie wünschten, Sie hätten es nicht getan. Sagen Sie zu sich selbst: Ich habe damals getan, was ich konnte; jetzt bin ich bereit, mir zu vergeben. Stellen Sie sich bildlich vor, wie

Sie das, was Sie bedauern, in einen Korb tun, der an einem schönen Heliumballon hängt. Dann holen Sie tief Luft und sehen zu, wie der Ballon mit dem Korb davonfliegt. Lassen Sie ihn fliegen! Wiederholen Sie das einen ganzen Tag lang. Sagen Sie sich, daß Sie jetzt bereit sind, die Schuld loszulassen und sich selbst zu vergeben. Erwarten Sie nicht, augenblicklich ein Gefühl von innerer Freiheit und innerem Frieden zu bekommen. Es braucht seine Zeit, sich von etwas zu reinigen, das lange Zeit unterdrückt wurde. Seien Sie sanft und geduldig mit sich selbst, und mit der Zeit wird die Veränderung kommen.

Julies Geschichte ist ein Beispiel für die Macht der drei Schritte. Julies Mutter war kritisch und verletzend. In der Therapie wurde Julie *sich bewußt*, daß sie versuchte, immer das Richtige zu sagen, damit ich sie nicht kritisieren und verurteilen könnte. Julie versuchte allzu angestrengt, mir (einer Mutterfigur) zu gefallen und von mir angenommen zu werden. Später *gestand* sie einer Freundin gegenüber *ein*, was ihr bewußt geworden war, und beide *akzeptierten* es, ohne es zu bewerten.

In unserer nächsten Sitzung kam das, was Julie sagte, aus einem so ehrlichen inneren Raum heraus, und sie empfand das als so vollkommen natürlich, daß sie einfach vergaß, mir ihre neue Einsicht mitzuteilen. Gegen Ende der Sitzung wurde ihr bewußt, daß sie nicht länger versuchte, mir zu gefallen. Da erzählte sie mir, wie die Anwendung der drei Schritte sie von ihrer anfänglichen Furcht vor mir befreit hatte.

Wie Julies Geschichte zeigt, muß ein Verhaltensmuster manchmal nur *erkannt* und *ausgesprochen* werden, um es ändern zu können. Denken Sie daran, wie wichtig es ist, daß Sie annehmen, was Sie erkennen und aussprechen: Nur dann werden Sie weitergehen und das ändern können, was Sie in Ihrer Freiheit einschränkt. Nur dann werden Sie die innere Authentizität erfahren, nach der wir uns alle sehnen.

Es ist Ihr Geburtsrecht, Sie selbst zu sein. Sie haben alles in sich, das Ihnen ermöglicht, Ihre Persönlichkeit auszudrükken und Ihr volles Potential zu entfalten, ohne sich von Ihren Ängsten einschränken zu lassen.

TEIL ZWEI

SICH DEN DRACHEN IM KERKER STELLEN

KAPITEL SECHS

ANGEBORENE UND
ERLERNTE ÄNGSTE

Eine Frau wird so lange von Umständen umhergestoßen, wie sie glaubt, ein Geschöpf der äußeren Umstände zu sein. Wenn ihr aber bewußt wird,
daß sie eine kreative Macht ist, und daß sie der
verborgenen Erde und der verborgenen Saat ihres
Wesens befehlen kann, aus der die äußeren Umstände wachsen, wird sie die rechtmäßige Herrin
ihrer selbst sein.

James Allen

Wir sind von Natur aus neugierig, aber nicht von Natur
aus ängstlich. Ein Säugling hat nur zwei angeborene
Ängste: Angst vor dem Fallen und Angst vor lauten Geräu-
schen. Wenn ein Baby in Gefahr ist, herunterzufallen, oder
wenn es ein lautes Geräusch hört, zeigt es sofort eine Angstreaktion, es holt tief Luft und versteift sich. Auf diese
ursprüngliche physische Reaktion folgt panikartiges Schrei-
en. Als Erwachsene leiden wir immer noch unter diesen
ursprünglichen, angeborenen Ängsten. *Alle* anderen Ängste, auch die Angst vor dem Tod, sind erlernt.
Die Angst wird von unserer Kultur, unseren Familien und
unseren Regierungen benutzt, um uns zu beherrschen. In
manchen Fällen kann die Furcht ein nützliches und positi-
ves Erziehungsmittel sein; aber nur zu oft wird es falsch
angewandt, und uns wird eine ungesunde Ängstlichkeit
anerzogen. Wir tragen das Joch der unbewältigten Ängste
unserer Familie und unserer Gesellschaft mit uns herum:

85

Angst zu versagen, Angst, in eine peinliche Situation zu geraten oder unwissend zu erscheinen, Angst, nicht so gut zu sein wie die anderen. Mit der Zeit machen wir diese Ängste zu unseren eigenen.

> Wie entsteht Angst oder eine andere Emotion? Wir Menschen neigen dazu, zu glauben, daß die Angst durch das Herannahen des furchterregenden Wesens verursacht wird – der Schlange, die auf uns zukriecht. Aber in Wirklichkeit begegnet ein kleines Kind diesen Dingen eher mit Neugier als mit Angst, bis das Aufkeuchen und die panische Reaktion der Mutter ihm die Angst anerzieht. Danach spürt das Kind ein Gefühl von Angst, wenn es eine Schlange näherkommen sieht. Aber die Furcht wird nicht durch die Schlange hervorgerufen. Sie entsteht durch die Verbindung, die in unseren Köpfen entstanden ist. Sie entsteht durch das, was wir uns selbst über Schlangen erzählen.
>
> *Elizabeth Gawain*

Meine Mutter hatte tödliche Angst vor Hunden. Sie hat nie ausdrücklich zu mir gesagt, daß Hunde gefährlich seien, aber ich nahm als Kind ihre Angstreaktion wahr, wann immer ein Hund auftauchte. Ich lernte, daß Hunde gefährlich sind. Obwohl ich nie von einem Hund gebissen worden war und nur einen Menschen kannte, dem das passiert war, reagierte mein Körper jedesmal mit einer Angstreaktion, wenn ich einen fremden Hund sah, solange, bis mir der Ursprung meiner Angst bewußt wurde und ich sie überwinden konnte.

> Nicht die Welt um uns herum läßt unsere Angst entstehen; sie entsteht im Kopf, durch das, von dem wir glauben, daß es mit uns passieren wird.
>
> *Elizabeth Gawain*

Das Gute an der erlernten Angst ist, daß sie wieder *verlernt* werden kann. Wir können uns aus der Gewalt geborgter Ängste befreien und die Ängste heilen und überwinden, die uns allein gehören. Was wir dazu brauchen, ist das Verlangen, frei zu sein, die Bereitschaft, an uns zu arbeiten, und Geduld. In unserem Zeitalter der Überschallflüge und der Computer, die alles in Bruchteilen von Sekunden erledigen, neigen wir dazu, sofortige Befriedigung zu erwarten. Sie sollten nicht erwarten, nur durch das Lesen dieses Buches ein angstfreies Leben auf einem Silbertablett serviert zu bekommen; Selbsterkenntnis, Wachstum und Veränderung sind so nicht zu bekommen. Ja, es wird plötzliche, atemberaubende Einsichten geben; aber ohne geduldige Arbeit an uns selbst und ohne das Einlassen auf einen täglichen Prozeß der Veränderung werden sie schnell verblassen.

Ich habe fünfundzwanzig Jahre daran gearbeitet, meine hartnäckige Angst vor Ablehnung durch andere zu überwinden. Als ich damit anfing, zählte Geduld nicht gerade zu meinen stärksten Seiten, und bisweilen fühlte ich mich so entmutigt, daß ich fast verzweifelte. Manchmal erlitt ich Rückfälle oder kam nur im Schneckentempo voran. Aber jetzt kann ich wahrheitsgemäß sagen, daß meine Angst vor Ablehnung nur noch ein dünner Faden, ein zerbrechliches Spinnennetz ist, während sie früher eine schwere Kette war, die mein Leben stark einschränkte.

Natürlich kann erlernte Angst auch eine Folge traumatischer Erfahrungen sein. Viele Frauen haben Angst vor Männern, weil sie vergewaltigt, sexuell belästigt oder auf andere Art körperlich oder seelisch mißhandelt worden sind. Wenn Sie angstmachende Erfahrungen gemacht haben, werden Sie wahrscheinlich die Hilfe eines Seelsorgers oder Therapeuten brauchen, um Ihre inneren Wunden aufdecken und heilen zu können.

Ganz gleich, wie unsere Vergangenheit ausgesehen hat, wir können unsere grundlegenden Einstellungen zum Leben neu bestimmen und auch die tiefe Wahrheit erfahren, daß unser Leben und unsere Beziehungen nicht angsterfüllt sein müssen. Wir bestehen nicht aus unserer Angst; wir erleben sie lediglich. So können wir Schritt für Schritt lernen, die Angst nicht als etwas zu begreifen, das wir *sind*, sondern als etwas, das wir *haben*. Zum Beispiel: Vielleicht haben Sie bisweilen zu sich gesagt »Ich bin so ein Feigling!« Das ist nicht wahr! Akzeptieren Sie niemals eine Definition Ihrer selbst, die Sie mit Ihrer Angst gleichsetzt. Sie mögen Angst haben, aber das heißt nicht, daß Sie ein Feigling sind. Jeder ernsthafte Versuch von Ihnen, sich nicht länger mit Ihren Ängsten gleichsetzen zu lassen, verdient tapfer, ja heroisch genannt zu werden.

Wenn Sie anfangen, sich nicht länger mit der lähmenden Angst gleichzusetzen, werden Sie langsam mehr über Ihr Leben bestimmen können. Allmählich werden Sie lernen, sich als größer und stärker als Ihre Ängste wahrzunehmen. Wenn Sie nicht mehr auf Ihre Angst *reagieren*, sondern anfangen zu *agieren*, werden Sie viel unabhängiger und authentischer sein.

Wenn Ihnen das nächste Mal bewußt wird, daß Sie Angst haben, gestehen Sie sich ein, wovor Sie Angst haben, akzeptieren Sie, daß die Angst im Augenblick eine Tatsache Ihres Seins ist, und dann sagen Sie mehrere Male zu sich selbst: Ich habe Angst vor (Höhe, Versagen, Austern, etc.), aber diese Angst ist nicht *ich!*

Wir glauben heutzutage, daß wir sind, was wir fühlen. Das stimmt so nicht! Unsere Gefühle sind ein wichtiger Teil unserer Person, aber sie machen nicht die Gesamtheit unseres Seins aus. Wir sind viel, viel mehr als unsere Gefühle. Hier ist noch eine Übung, die Sie ausprobieren könnten:

Überlegen Sie, was Ihnen als zutreffende Definition Ihres Seins zusagen würde. Zum Beispiel:

Ich bin der reine Mittelpunkt meines Bewußtseins.
Ich bin.
Ich bin, wie ich bin.
Ich bin zu erstaunlich, um ganz ergründet
*   werden zu können.*
Ich bin ein Kind Gottes.

Dann suchen Sie sich den Satz aus, der Ihnen am machtvollsten zu sein scheint, und fügen Sie ihn an Ihre Bestätigung an, daß Sie nicht mit Ihrer Angst identisch sind. Ich könnte beispielsweise sagen: Ich habe Angst vor Ablehnung, aber diese Angst ist nicht ich. Ich bin eine schöne, einzigartige Seele, geschaffen nach dem Ebenbild Gottes. Sagen Sie etwas, mit dem Sie sich wohlfühlen und das Ihnen hilft. Diese Übung ist eine mächtige Waffe, die Sie davon abhalten kann, in den Strudel Ihrer Angst hineingezogen zu werden.

VERDRÄNGTE ÄNGSTE

Wir können als Kinder nicht immer von unseren Eltern behütet werden; es ist also unvermeidlich, daß wir beängstigende Erfahrungen machen. Diese Erfahrungen können milde beängstigend oder absolut schrecklich sein. Wenn uns in der Kindheit etwas zustößt, haben wir oft keine Möglichkeit, unsere Gefühle in Worte zu fassen und andere wissen zu lassen, daß wir Hilfe und Heilung brauchen. Kinder, die in der Lage sind, ihre Gefühle auszudrücken, ob nun durch schlechtes Benehmen oder gesundes Brüllen, sind gut dran. Weniger Glück haben diejenigen Kinder, die beängstigende Erfahrungen verdrängen, sie aus ihrem Bewußtsein ausschließen.

Bis zum Alter von ungefähr sieben Jahren haben Kinder oft das Gefühl, für das verantwortlich zu sein, was in ihrem Leben geschieht. Wenn ein Elternteil stirbt oder die Eltern sich streiten, denkt das kleine Kind, es müsse daran schuld sein. Die sich entwickelnde Ich-Struktur des Kindes ist noch nicht fähig, Ursache und Wirkung zu erkennen. Als Kinder sehen wir uns als Mittelpunkt des Universums, als Angelpunkt, um den sich alles dreht, und daher neigen wir dazu, uns für alles, was geschieht, verantwortlich zu fühlen. Daher werden Kinder, die ihre Ängste unterdrücken, nicht nur ängstlich, sondern fühlen sich auch schlecht und wertlos. Die Geschichte von Victoria ist ein gutes Beispiel dafür.

Victoria schien gut angepaßt und erfolgreich zu sein. Sie hatte eine gute Ausbildung, einen Beruf, der sie ausfüllte, Kinder und einen Ehemann, der sie unterstützte. Sie kam aus einer scheinbar liebevollen, wenn auch strengen und repressiven Familie. Als sie die Therapie anfing, litt sie unter Alpträumen, sie hatte panische Angst davor, allein ins Bett zu gehen, ein chronisch geringes Selbstwertgefühl und akute Selbstmordgedanken. Sie hatte das Gefühl, verrückt zu werden, und die Frage Warum nur? verfolgte sie.

Victoria warf sich vor, daß sie es nicht schaffte, aus ihrer Depression herauszufinden. Nachdem sie in beängstigendem Maße abgenommen hatte und pausenlos an Selbstmord dachte, fing sie eine Therapie an. Sie ließ es zu, daß ihr eine Reihe langverdrängter Erinnerungen wieder bewußt wurde, was bemerkenswerten Mut erforderte. Ihr Mann und ich als ihre Therapeutin unterstützten sie.

Von frühester Kindheit an war Victoria wiederholt sexuell mißbraucht und bedroht worden. Weil ihre Angst so groß

war und ihre Scham und ihre Schuldgefühle so überwälti-
gend, hatte sie jede Erinnerung an diese Greuel verdrängt.
Erst mit sechsunddreißig Jahren, als sie einer überwältigen-
den persönlichen Krise gegenüberstand, fing ihr Verteidi-
gungsmechanismus an zu bröckeln.

So schmerzhaft Victorias Erinnerungen auch waren, es war
wichtig und notwendig, daß sie ans Tageslicht kamen, aus
den unterirdischen Verliesen heraus, in denen Victoria sie
eingeschlossen hatte. Jetzt wußte sie den Grund für ihre
scheinbar grundlosen Ängste. Sie wurde nicht verrückt, wie
sie gefürchtet hatte. Ihre Ängste waren vollkommen angemessen, wenn man bedenkt, was sie als Kind durchgemacht
hatte. Jetzt konnte der Heilungsprozeß beginnen.

Unsere Ängste sind ein Hinweis darauf, daß es verborgene
Dinge in unserem Innern gibt, die der Heilung bedürfen.
Wie an dem extremen Beispiel von Victoria zu sehen ist,
können unbewältigte Ängste uns schwächen, ja sogar lebensbedrohlich sein. Den Mut zu haben, nach der Ursache
unserer Ängste zu suchen, ist ein notwendiger erster Schritt,
wenn wir sein wollen, wie wir wirklich sind, frei von Beschränkungen und fähig, unser volles Potential zu verwirklichen.

Wenn Sie unter Ängsten leiden, die scheinbar grundlos
sind, in keinem Verhältnis zu der scheinbaren Ursache
stehen oder keine »logische« Basis haben, machen Sie sich
ein unschätzbares Geschenk: Gehen Sie ihnen auf den
Grund. Sie werden erst fähig sein, einen Weg zu finden, Ihre
Ängste zu bewältigen, wenn Sie sie ins Bewußtsein holen.
Solange die Angst verdrängt bleibt, haben Sie keine Wahl –
Sie werden hilflos in ihren Klauen zappeln.

Meistens verdrängen wir unsere Ängste, weil uns das zu
einer früheren Zeit sicherer zu sein schien, als sie bewußt zu
erleben. Wenn diese verborgenen Ängste wieder zum Vor-

schein kommen, werden Sie möglicherweise die ursprüngliche Angst noch einmal durchleben. Daher ist es äußerst
wichtig, daß Sie Ihre Ängste in einem sicheren Umfeld
erkunden. Sie müssen überzeugt sein, das Risiko, das Sie
eingehen, wenn Sie die Ursache Ihrer Ängste ans Tageslicht
bringen, gut bewältigen zu können. Versuchen Sie daher,
einen Menschen oder eine Gruppe zu finden, bei dem oder
in der Sie sich sicher fühlen und denen Sie sich in Ihrer
Verletzlichkeit unbedingt anvertrauen können.

Da der Ursprung unserer Ängste meistens in der Kindheit
zu suchen ist, müssen wir damit rechnen, unsere kindlichen
Ängste noch einmal zu durchleben, wenn sie uns wieder
bewußt werden. Es ist kein Zeichen von Abhängigkeit, sich
dabei emotionale Unterstützung zu suchen; es ist ein Zeichen von Klugheit.

Auf unserem Weg der Selbstfindung, während wir lernen,
uns nicht mehr mit unseren Ängsten gleichzusetzen, wird es
viele Zeiten geben, in denen wir die Unterstützung anderer
Menschen brauchen. Würden Sie es nicht auch für unsinnig
halten, wenn eine Freundin, die von einem Lastwagen überfahren wurde, den Ärzten nicht erlaubte, ihre gebrochenen
Knochen zu richten, oder nicht wollte, daß Freunde ihr
während ihrer Genesung beistehen? Wir werden schneller
heil werden, wenn wir uns zu bestimmten Zeiten von anderen helfen und unterstützen lassen. Wenn wir von einem
seelischen Laster überfahren wurden, ist es albern, zu denken, wir dürften andere Leute nicht damit belasten. Wir
fördern die Verdrängung, nicht die Heilung, wenn wir uns
hinter einer Fassade verstecken und Haltung bewahren. Die
Verdrängung hält uns gefangen; die Heilung befreit uns.

In gewisser Weise ist Angst wie ein Magnet, der eben genau die Dinge anzieht, die wir am meisten fürchten, ein Mechanismus, den wir noch nicht hundertprozentig durchschaut haben. Wenn beispielsweise jemand Angst davor hat, öffentlich zu sprechen – und das soll eine der Ängste sein, die am weitesten verbreitet sind – und sich zitternd dem Podium nähert, von tödlicher Angst erfüllt, daß er vergessen könnte, was er sagen wollte, ist die Wahrscheinlichkeit groß, daß sein Gedächtnis ihn im Stich lassen wird. Wenn wir auf einen inneren Sender eingestellt sind, der pausenlos eine ängstliche Litanei wiederholt, wird das, was wir empfinden, Angst sein. Aber wir können auf einen anderen Sender umschalten! Es ist eine hilfreiche Technik, negative Aussagen, die mit »Ich bin« anfangen, zu vermeiden:

> *Ich bin ängstlich.*
> *Ich bin auf dem Arbeitsmarkt nicht vermittelbar.*
> *Ich bin ein Feigling.*
> *Ich bin ein Angsthase.*
> *Ich bin häßlich.*

Derartige Aussagen neigen dazu, sich zu bewahrheiten. Wenn wir negative Namensschilder tragen, werden wir negative Gesellschaft anziehen. So beeinflussen unsere Gedanken und Gefühle unsere äußeren Lebensumstände.

Viele Kampfsportlehrer sind überzeugt, daß die innere Einstellung ebenso wichtig ist wie die Schritte und Griffe ihrer jeweiligen Disziplin. Daher konzentrieren sie sich darauf, ihren Schülern eine Haltung von Selbstvertrauen und Sicherheit nahezubringen. Zugegeben, es ist eine Hilfe, wenn wir wissen, wie wir uns körperlich gegen einen Angriff wehren können, aber mindestens ebenso wichtig ist es, sich von einer eventuell vorhandenen Opferhaltung freizumachen. Es kann ausgesprochen schwer sein, sich von der Opferhaltung zu befreien, und gewöhnlich kann ein qualifizierter Lehrer oder Therapeut, der Sie anleiten kann, dabei sehr hilfreich sein. Wenn Sie Opfer von Mißhandlung, Inzest, Vergewaltigung oder einer anderen Form der Gewalt geworden sind, nehmen Sie bitte therapeutische Hilfe in Anspruch. Die Wunden, die von so traumatischen Erfahrungen verursacht werden, sind vielleicht viel tiefer, als Ihnen bewußt ist, und für eine wirksame Heilung ist die Begleitung eines Experten erforderlich.

Aber wir alle können uns mit der folgenden einfachen Technik selbst helfen. Wenn Sie über Ihre Ängste sprechen, vermeiden Sie »Ich bin«-Aussagen, und sagen Sie statt dessen:

> *Ich habe Angst vor (Ablehnung, usw.).*
> *Manchmal fürchte ich mich vor (Autoritäten).*
> *Gelegentlich komme ich mir wie ein Feigling vor.*
> *Ich habe Angst davor (zu versagen/Erfolg zu haben).*
> *Wenn ich vor einer Gruppe sprechen soll, fühle*
> *ich mich (nervös, doof, kriege keinen*
> *Ton heraus).*

Durch solche Aussagen gestehen Sie ein, daß Sie Ängste haben, aber Sie definieren sich nicht als eine Verkörperung dieser Ängste. Es ist ein feiner Unterschied, aber er ist wichtig: Sie haben Ängste, und Sie können sie überwinden. Sie sind nicht identisch mit Ihren Ängsten.

Indem Sie lernen, Ihre Ängste zu heilen, werden Sie auch lernen, zu handeln, ohne sich von ihnen einschränken zu lassen. Wenn ich heute merke, daß eine Angst in meinem

Körper aufschreit, sage ich: Danke, Körper, ich höre dich. Dann überprüfe ich, ob eine reale Bedrohung vorhanden ist oder ob es sich um ein altes Reaktionsmuster handelt. Wenn es ein altes Reaktionsmuster ist, auf das ich heute gut verzichten kann, sage ich zu ihm: Ich werde jetzt tun, was ich tun muß, so als wärst du gar nicht da.

Nur allzu oft haben wir eine falsche Vorstellung von der Angst, und das hält uns vom Handeln ab. Wir glauben, wir dürften keine Angst haben, und so packen wir das Problem oder die Herausforderung, die vor uns liegt, erst an, wenn wir uns völlig gelassen und entspannt fühlen. Diese Strategie hat nie Erfolg. Viele unserer Leistungen vollbringen wir trotz unserer Angst. In vielen Fällen kann uns die Angst sogar zum Handeln antreiben.

Bill Russell von den Boston Celtics, einer der Größten des Profi-Basketballs, war vor jedem Spiel so nervös, daß er sich übergeben mußte. Aber er ließ sich nie von seiner Angst davon abhalten, ein Weltklasse-Spieler zu sein. Es liegt etwas besonders Heroisches darin, wie er seine Begabung bis zum Letzten ausgenutzt hat, trotz seiner Ängste.

Eines meiner Hobbys ist die Schauspielerei. Ich liebe das Vorsprechen, und ich genieße die Proben, weil ich es so spannend finde, eine Rolle zu interpretieren. Aber die erste Aufführung ist immer eine reine Qual. Ich habe *panische* Angst und frage mich, wie ich je so etwas Albernes tun konnte. Warum bloß habe ich mich auf etwas eingelassen, wo ich nur jämmerlich versagen kann? Ohne Zweifel werde ich einen kompletten Narren aus mir machen und die ganze Theatertruppe im Stich lassen. Mein gesamter Text ist aus meinem Gedächtnis verschwunden. Kurz, es ist ein schwerer Fall von Lampenfieber.

Das gleiche passiert mir jedesmal, wenn auch in geringerem Maße, wenn ich ein Seminar leite oder einen Vortrag halte und mich dabei vor eine Gruppe von Menschen stellen muß. Aber ich versichere mir selbst, daß ich etwas Wichtiges zu sagen habe, und ich tue es trotzdem. Sobald ich einmal in Schwung gekommen bin, fühle ich mich großartig. Es ist fast so, als würde die durch meine Angst entstandene Energie mich zu besseren Leistungen antreiben.

Dieser Prozeß kann nach hinten losgehen, was mir einmal bei einer denkwürdigen Gelegenheit passierte. Wir hatten in der Schule einen »literarischen Abend«, an dem alle Literaturclubs miteinander in Wettstreit traten und Reden, Monologe und Gedichte vortrugen. Ich hatte einen witzigen Monolog über Hüfthalter vorbereitet (Erinnern Sie sich an Hüfthalter?). Das Mädchen, das vor mir dran war, vergaß seinen Text, und meine Reaktion darauf war kalter Schweiß und panische Angst, daß ich meinen Text ebenfalls vergessen könnte. Ich konnte meinen Text im Schlaf aufsagen, aber ich hatte ein Panikprogramm eingeschaltet, und der ängstliche innere Monolog führte dazu, daß mein Gedächtnis tatsächlich versagte.

Wie diese Geschichte zeigt, drückt der folgende biblische Satz eine tiefe Wahrheit aus: »Und siehe, das, was ich am meisten fürchtete, ist eingetreten.« Wenn wir fürchten, krank zu werden, besteht die Gefahr, daß wir krank werden. Wenn wir Angst haben, verlassen und abgelehnt zu werden, werden wir wahrscheinlich diese Erfahrungen machen. Bei mir ist es so, daß ich den Menschen mit Vorsicht und Zurückhaltung begegne, wenn ich Angst vor Ablehnung habe, was ihnen unweigerlich das Gefühl vermittelt, ich wäre kühl oder würde ihnen nicht trauen. So führt gerade meine Angst vor Ablehnung zu der Ablehnung, vor der ich mich so verzweifelt zu schützen versuchte.

Ich lerne allmählich, mich nicht durch Angst von etwas abhalten zu lassen, das ich tun möchte. Lampenfieber ist keine reine Freude – ich bin nicht gerade wild darauf, bis hinunter zum Rockbund in Schweiß gebadet zu sein, Brechreiz zu empfinden und voller Panik zu sein. Aber ich habe durch Erfahrung gelernt, daß die Angst geringer wird, wenn ich mich ihr stelle und durch sie hindurch gehe, und zum Schluß machen mir genau die Aktivitäten viel Freude, durch die die Angst ursprünglich ausgelöst wurde. Es wird *Desensibilisierung* genannt, trotz der Angst kleine Schritte vorwärts zu gehen. Wenn wir beharrlich bleiben und trotz unserer Angst etwas *tun*, beginnt die Angst die Gewalt über uns zu verlieren.

Robin, eine Klientin von mir, fürchtete sich davor, außerhalb der Stadt Auto zu fahren. Die Desensibilisierung begann damit, daß Robin (in der Sicherheit meiner Praxis) die Augen schloß und sich vorstellte, sie würde Auto fahren. Wenn Angst in ihr aufstieg, machten wir Entspannungsübungen. Als sie sich vorstellen konnte, auf der Straße von zu Hause wegzufahren, ohne daß das bei ihr Angst auslöste, machte sie einen weiteren kleinen Schritt: Sie setzte sich in ihren Wagen, der bei ihr auf der Auffahrt stand, und stellte sich bildlich vor, wie sie mit dem Wagen aus der Stadt fuhr. Als sie sich fähig fühlte, einen weiteren kleinen Schritt zu machen, fuhr sie ungefähr einen Kilometer weit. Mit kleinen, erfolgreichen Schritten überwand sie ihre Angst, und jetzt ist sie in der Lage, ohne weiteres fast überall zu fahren. Unglücklicherweise leiden die meisten Menschen unter einem lebenslangen Vermächtnis von Angst. Die Aufgabe, die vor uns liegt, ist, diesem einschränkenden Erbe zu entwachsen und unser wahres Geburtsrecht in Anspruch zu nehmen: die Freiheit und den Mut, wir selbst zu sein.

Sie können sofort mit der Bewältigung Ihrer Ängste beginnen, indem Sie Ihre Gedankenmuster ändern. Egal wie oft die Angst Sie überfällt, hören Sie nicht auf, sich zu versichern, daß diese Ängste nicht Sie sind und Sie sie eines Tages völlig überwinden werden. Ganz allmählich, Tag für Tag, werden Ihre positiven Affirmationen an Stärke gewinnen, und Sie werden die alten Angstbarrieren schrittweise zurückdrängen. Denken Sie daran: Ihre Ängste *sind* nicht Sie, und Sie sind nicht Ihre Ängste. Sie können die Angst vermindern. Sie können trotz Ihrer Angst handeln. Sie können frei sein.

Blicken Sie mit heilsamer Freundlichkeit und voller Selbstachtung auf Ihr Leben zurück. Sie haben bereits viel mutige Arbeit geleistet – Sie haben trotz aller Hindernisse überlebt. Zollen Sie sich Anerkennung dafür, und arbeiten Sie weiter daran, Ihr Geburtsrecht der emotionalen Freiheit zu verwirklichen.

KAPITEL SIEBEN

UNTERSCHWELLIGE GRUNDHALTUNGEN UND VERBORGENE ÜBERZEUGUNGEN: DINGE, DIE WIR EINFACH GESCHLUCKT HABEN

> Die allererste Aufgabe für uns alle, sowohl Männer als auch Frauen, ist nicht zu lernen, sondern zu verlernen.
>
> *Gloria Steinem*

Unsere tiefen und oft unbewußten Überzeugungen und Grundhaltungen entscheiden darüber, ob wir den Mut haben, uns selbst zu verwirklichen, oder ob wir uns ständig nach außen orientieren in der Hoffnung, daß andere festlegen, wer wir sind. Wenn wir uns von den Fesseln unserer emotionalen Abhängigkeit befreien wollen, müssen wir unsere verborgenen Überzeugungen und Grundhaltungen untersuchen – wie wir zu diesen geheimnisvollen Drachen gekommen sind, warum wir Angst haben, sie uns genauer anzusehen, und was wir gegen sie tun können, wenn wir erst einmal den Mut gefunden haben, uns ihrer bewußt zu werden.

In der Kindheit sind wir den Meinungen, Vorstellungen, Gefühlen und Vorurteilen unserer Eltern, unserer Familien und der Gesellschaft ausgesetzt. Wir nehmen in uns auf und ahmen nach, was wir in unserem Umfeld sehen und fühlen. Wir werden pausenlos mit Reizen, unterschwelligen Botschaften und Hinweisen überschwemmt, von denen viele

unserem inneren Wachstum und unserer inneren Freiheit
abträglich sind:

> *»Du bist nicht der einzige Kieselstein am Strand!«*
> *»Wenn du nichts Nettes sagen kannst, sag*
> *lieber gar nichts.«*
> *»Wegen deiner Schönheit wirst du nie*
> *gehängt werden.«*

Diese Äußerungen stammen aus einem Buch mit dem Titel
As Mother Used to Say (Wie Mutter zu sagen pflegte). Wir alle
haben früher Ähnliches zu hören bekommen, Dinge, die
uns einschränkten, weil man sie als Kind glaubte. Wir haben
sie für bare Münze genommen. Meiner Meinung nach wäre
Mama lügt ein besserer Titel für das Buch.
Warum hätten wir solche Maximen nicht glauben sollen? Als
kleine Kinder lernen wir, unserer eigenen inneren Urteils-
kraft zu mißtrauen; und damit beginnt die Abhängigkeit von
unseren Eltern, Lehrern und anderen Erwachsenen, die uns
lehren, was richtig und was falsch ist. Wenn wir älter werden,
erhalten wir weitere Belehrungen:

> *»Frauen sollten barfuß und schwanger*
> *gehalten werden.«*
> *»Die Frau gehört ins Haus.«*
> *»Nur schöne Menschen können glücklich werden.«*
> *(Und etwas subtiler vermittelt):* *»Männer sind*
> *mehr wert als Frauen.«*

Obwohl wir in den letzten Jahrzehnten große Fortschritte
bei der Gleichberechtigung von Männern und Frauen gemacht haben, liegt noch ein langer Weg vor uns, bevor die
Gesellschaft – und wir selbst – wirklich den Überzeugungen

entsprechend handeln, die wir zu haben *glauben*. Beispielsweise zeigen Studien des Lehrerverhaltens an Grundschulen, daß Lehrer Jungen mehr Beachtung schenken und sie mehr fördern als Mädchen. Das gilt sogar dann, wenn der Lehrer oder die Lehrerin überzeugt ist, keine Vorurteile zu haben. Tatsächlich erklärten die Lehrerinnen und Lehrer, daß sie bewußt versuchten, allen Kindern, ungeachtet ihres Geschlechts, die gleiche Aufmerksamkeit und Förderung zukommen zu lassen. Erst als sie ihren eigenen Unterricht auf Video sahen, merkten sie, wie oft sie unbewußt die Jungen bevorzugten. Wenn schon intelligente und liebevolle Menschen, die sich der wichtigen, aber oft äußerst undankbaren Aufgabe des Lehrens verschrieben haben, die gesellschaftliche Auffassung von der männlichen Überlegenheit verstärken – wie unbewußt auch immer –, dann malen Sie sich mal aus, wo diese Vorstellung sonst noch überall vermittelt wird. Kein Wunder, daß wir abhängig sind und uns regelmäßig minderwertig fühlen!

Irrige Botschaften, die wir als Kinder für bare Münze nehmen, werden zu unterschwelligen Grundhaltungen und stillschweigenden Überzeugungen; und wir stellen unser Leben darauf ein: Wir werden emotional abhängig von anderen Menschen, weil sie »es bestimmt besser wissen« als wir. Da diese Vorstellungen meistens unbewußt sind, ist uns nicht klar, in welchem Ausmaß sie unsere Handlungen und Reaktionen bestimmen – es sei denn, wir spüren sie bewußt auf und wandeln sie um. *Unterschwellig* ist das Wort, auf das es hier ankommt, denn diese Grundhaltungen liegen *unter* unserem normalen Bewußtsein, und sie erzählen uns Lügen über die Wirklichkeit. Wenn wir unser volles Potential verwirklichen und unsere Persönlichkeit authentisch ausdrücken wollen, müssen wir uns von unterschwelligen Überzeugungen befreien, die uns einschränken und abwerten.

Unsere Grundhaltungen steuern uns so automatisch wie der Autopilot eines Flugzeuges. Wenn wir zum Beispiel unbewußt der Überzeugung sind, daß das Leben hart oder Sex etwas Unanständiges ist, werden auch unsere Gefühle diesen Überzeugungen entsprechen. Überzeugungen, die dem Bewußtsein verborgen bleiben, können demnach als vom Unterbewußtsein motivierte Verhaltensweisen zum Vorschein kommen. In Wirklichkeit spiegelt unser Handeln unsere verborgenen Gefühle wider.

Als Jane sich verlobte, hatte sie zum erstenmal in ihrem Leben eine offene Aussprache mit ihrem Vater. Er war der Ansicht, daß es seine Pflicht sei, ihr mitzuteilen, daß ihre Mutter frigide sei. Es bestehe die Möglichkeit, daß Jane ebenfalls frigide wäre.

Bis dahin hatte Jane Freude am Sex gehabt, wenn sie sich deswegen auch immer etwas schuldig gefühlt hatte. Jane hatte ihr ganzes Leben lang zu hören bekommen, wie ähnlich sie ihrer Mutter sei; daher kam ihr der furchtbare Gedanke, daß sie ebenfalls frigide sein könnte. Sofort versuchte sie, diesen Gedanken zu verdrängen, aber bald wurde Sex zum Problem für sie und ihren frischgebackenen Ehemann. Erst als sie ihre unterschwelligen Ängste ins Bewußtsein gerufen, sie sich eingestanden und sie akzeptiert hatte, stellte sie fest, daß sie in Wirklichkeit eine gesunde und sinnliche Frau war. Ihr Vater hatte ihr die Geschichte von der Frigidität aufgetischt, und Jane hatte sie einfach geschluckt.

Unsere unbewußten Grundhaltungen rufen Meinungen und Handlungsweisen hervor, die unser Leben auf eine Art und Weise beeinflussen können, die uns möglicherweise überhaupt nicht bewußt ist. In vielen Fällen prägen sie die Wahl unseres Ehemanns, unseres Berufes, unseres Heims, unserer Freunde und unseres Lebensstils.

Mary wurde sich bewußt, daß sie sich jahrelang Männer ausgesucht hatte, die weniger intelligent waren als sie, für gewöhnlich Männer, die sie dominieren konnte. Ihre Beziehungen waren oft sehr unbefriedigend und trieben sie in eine frustrierende intellektuelle Isolation.

Marys Vater, der seelisch gestört war, beherrschte ihre Mutter voll und ganz. So wurde Marys Mutter von ihrer Angst, ihn aufzuregen oder zu verärgern, in der Rolle des Opfers gehalten. Schon als kleines Mädchen war Mary sich des Zorns und der Scham ihrer Mutter bewußt, die auf dem Ungleichgewicht in der Beziehung der Eltern beruhte.

Mary hatte den Schmerz ihrer Mutter gespürt und war zu dem Schluß gekommen, daß alle Liebesbeziehungen einseitig sein müßten. Sie hatte sich geschworen, nie der schwächere Partner zu sein. Obwohl sie diese Überzeugungen verdrängt hatte, richtete sie als Erwachsene ihr Verhalten danach aus; sie suchte sich Partner, die sie dominieren konnte. Erst als ihr die unterschwelligen Überzeugungen bewußt wurden, die ihr Verhalten bestimmten, konnte sie in Erwägung ziehen, Seite an Seite mit einem gleichberechtigten Partner zu leben.

Wie oft haben Sie Frauen schon sagen gehört: »Ich kann das einfach nicht!« Beispielsweise ist die Annahme weit verbreitet, daß Frauen in Mathematik nicht so gut seien wie Männer. Untersuchungen haben nachgewiesen, daß kleine Mädchen ebenso begabt für Mathematik sind wie kleine Jungen. Wenn die Mädchen jedoch größer werden und den subtilen (und weniger subtilen) Botschaften ihrer Lehrer, Eltern, Mitschüler und einer vorurteilsbeladenen Literatur ausgesetzt sind, glauben sie die Lüge; sie passen sich den niedrigen Erwartungen an.

Ich hatte in der Grundschule und in der Mittelstufe immer Einsen in Mathematik, und im ersten Jahr der Oberstufe erhielt ich bei einer Geometriearbeit die beste Note des Jahrgangs. Kurz danach begann ich jedoch die weitverbreitete Ansicht zu glauben, daß Mädchen schlecht in Mathematik seien. Den größten Teil meines Erwachsenenlebens fühlte ich mich unfähig, einen Kontoauszug zu verstehen. Ich dachte, ich kann das nicht. Und folglich konnte ich es auch nicht.

Indem wir verborgene Überzeugungen aufdecken, die uns einschränken, und sie durch begründete Ansichten und Erkenntnisse ersetzen, machen wir einen riesigen Schritt vorwärts und können damit anfangen, unser Verhalten, unsere Gefühle und unser Leben zu ändern. Wenn wir falsche Annahmen und Einstellungen überwinden, schaffen wir die Möglichkeit völlig neuer Verhaltensmuster für uns selbst; wir können der Mensch werden, der wir wirklich sind. Es ist nicht selbstsüchtig, aus einschränkenden Überzeugungen auszubrechen; denn jedesmal, wenn wir uns von Einschränkungen befreien, schaffen wir ein Vorbild des Wachstums, das andere ermutigt, in ihren eigenen, verwundeten inneren Raum zu reisen und sich zu heilen.

ÜBERZEUGUNGEN UND GLAUBENSSÄTZE

Wir alle richten unser Leben nach bestimmten Glaubenssätzen aus. Dieses System von Überzeugungen bringt Ordnung und Struktur in unser Leben. Sie erleichtern uns wichtige Entscheidungen und sind Grundlage unserer Ethik, unserer moralischen Grundsätze und unserer Philosophie. Unsere Persönlichkeit ist geprägt durch die Glaubenssätze, die wir von unseren Eltern, Lehrern, unseren Freunden und unserer Kultur übernommen haben.

Wir haben uns die Überzeugungen unserer Eltern zu eigen gemacht. Als Erwachsene brauchen wir niemanden mehr, der uns sagt, was richtig und falsch ist, weil die Stimmen unserer Eltern tief in uns verwurzelt sind und uns sagen, wie wir uns verhalten sollen und was von uns erwartet wird.

Unsere Überzeugungen werden auch dadurch bestimmt, wie wir das interpretieren, was wir als Kinder zu hören und sehen bekommen. Und es ist interessant, daß unsere Überzeugungen viel öfter auf Interpretationen beruhen als auf Fakten.

Mildred schnitt stets das hintere Ende eines Schinkens ab, bevor sie ihn in den Backofen stellte. Sie stellte dieses Verhalten nie in Frage, bis ihr Sohn sie eines Tages fragte, warum sie das tue. Sie mache es so, weil ihre Mutter es so gemacht habe. Als der Sohn weiter nachforschte, stellte er fest, daß seine Großmutter eine sehr einleuchtende Erklärung hatte: Ihr Bräter war so klein, daß ein ganzer Schinken nicht hineinpaßte. Mildreds Glaubenssatz basierte nicht auf einer anerkannten Wahrheit, sondern auf ihrer eigenen, nie hinterfragten Interpretation des Verhaltens ihrer Mutter, das sie als gut und richtig ansah, ganz gleich, wie dieses Verhalten entstanden war.

Auch Angst kann der Ursprung unserer Glaubenssätze sein. Wenn wir Angst vor Ablehnung haben, glauben wir vielleicht, daß es gefährlich ist, anderer Meinung zu sein als unsere Mitmenschen. Wenn wir andere Ansichten haben als die Mehrheit, fällt es uns schwer, sie offen zu vertreten. Warum? Weil wir Angst haben, abgelehnt zu werden.

Unsere Kultur verbreitet ebenfalls irrige Ansichten. Zum Beispiel: Männer sind mächtiger als Frauen, und Männer sollten mehr verdienen als Frauen, weil sie eine Familie zu ernähren haben. (In Wirklichkeit wird in den heutigen USA jede dritte Familie von einer Frau ernährt.)

Wir beteuern, daß die Familienarbeit der Frau genauso wichtig ist wie die Erwerbstätigkeit des Mannes – aber wenn es darum geht, ob die geleistete Arbeit finanziell entlohnt werden sollte, sieht das ganz anders aus. Auch Frauen nehmen ohne weiteres die vorherrschende Ansicht hin, daß das Geld, das der Mann nach Hause bringt, ihm gehört und er es nach eigenem Gutdünken verteilen kann. Die Überzeugung, kein eigenes Geld zu haben, kann dazu führen, daß eine Frau sich weiterhin von ihrem Mann abhängig fühlt, keine klare Vorstellung von ihren Rechten hat und nur eingeschränkte Wahlmöglichkeiten besitzt. Eine Frau, die glaubt, daß sie machtlos ist, daß sie kein Geld hat und keines verdienen kann, wird sich nicht in der Lage fühlen, destruktivem Verhalten in der Familie (wie zum Beispiel körperlichen und seelischen Mißhandlungen) ein Ende zu machen. Zwar brauchen wir Glaubenssätze, die uns leiten, aber falsche Überzeugungen sind eine starke Behinderung. Eine schädliche Form falscher Überzeugungen sind nie hinterfragte Annahmen über andere Frauen:

Frauen sind überemotional.
Frauen sind gehässig und kleinlich.
Frauen kann man nicht vertrauen.
Frauen sind nicht so kompetent wie Männer.

Als mein erster Mann mich wegen meiner besten Freundin verließ, begann ich zu glauben, daß man Frauen nicht vertrauen könne. Aber von dieser einen schmerzlichen Ausnahme (und ein paar qualvollen Schulerlebnissen) einmal abgesehen, hatte ich andere Erfahrungen mit Frauen gemacht. Ich war überzeugt, Frauen nicht vertrauen zu können, obwohl ich praktisch Dutzende von vertrauenswürdigen Frauen kannte. Durch meine neue Überzeugung entstand ein Paradox, und da das rationale Denken Probleme mit Paradoxen hat, begrub ich den Konflikt im Unterbewußtsein. Das führte dazu, daß ich meinen treuen Freundinnen einige ziemlich irrationale Gefühle entgegenbrachte. Glücklicherweise begann mir dann zu dämmern, was die Ursache meines Mißtrauens war, und ich konnte mit meinen Freundinnen sprechen und mich von meinem inneren Aufruhr befreien.

Es ist für unser emotionales Wachstum und unsere Veränderung von großer Bedeutung, daß wir unsere Glaubenssätze in allen Lebensbereichen einer genauen Überprüfung unterziehen. Besonders wichtig dabei ist, was wir über andere Frauen denken, da negative Ansichten über unsere Freundinnen uns von eben den Menschen trennen, die sich in uns einfühlen und unseren Triumph über die emotionale Abhängigkeit teilen können. Wir Frauen stecken alle mitten in einem Entwicklungsprozeß; wir wollen nicht mehr Bürger zweiter Klasse sein. Wenn wir uns von anderen Frauen absondern, isolieren wir uns auf subtile Weise von uns selbst.

Wenn Sie den Mut zur Selbstverwirklichung aufbringen, müssen Sie sich mit den Überzeugungen auseinandersetzen, die Sie da stehenbleiben lassen, wo Sie sind. Was für Überzeugungen haben Sie geschluckt, die Ihnen jetzt hinderlich sind? An was für Glaubenssätzen, Ansichten und Einstellungen halten Sie fest, obwohl sie nicht dazu beitragen, Ihr Leben zu bereichern? Es ist an der Zeit, sich von den überholten Überzeugungen zu lösen, die Sie davon abhalten, glücklich zu sein. Sind Sie beispielsweise überzeugt, daß Sie stets ja sagen müssen, daß Sie nicht begabt oder erfahren genug sind, um einen guten Job zu bekommen, oder daß Sie nie eine aufregende, zärtliche Liebesbeziehung haben werden?

SAMENSÄTZE:
UNKRAUT ODER BLUMEN

Samensätze sind Anhäufungen von Ideen und Gedanken, Worten und Vorstellungen, die wir alle haben, um in Übereinstimmung mit unseren unterschwelligen Grundhaltungen und verborgenen Überzeugungen leben zu können. Wenn wir uns mit unseren Samensätzen selbst bestätigen, fördern und unterstützen, sind wir unabhängig und kreativ; und das Leben ist für uns aufregend und spannend. Diese Samensätze nenne ich Blumensaat-Sätze. Wenn unsere Samensätze abfällig und geringschätzig sind, sind wir sehr wahrscheinlich emotional abhängig, und es fällt uns schwer, wir selbst zu sein. Das sind die Unkraut-Sätze.

Die meisten Samensätze werden nie ausgesprochen, bleiben vielleicht sogar unbewußt. Es sind einzelne Teilvorstellungen, die wir auf unserem Weg aufgesammelt haben und die jetzt den Kern unseres Selbstbildes bilden. Samensätze haben die verschiedensten Quellen – unsere Eltern, das Fernsehen, das Kino, Zeitschriften, die Werbung. Sie prägen unsere Vorstellung davon, wie wir zu leben haben und was wir vom Leben und von anderen Menschen erwarten können. Unser Leben sprießt in Wirklichkeit aus den Samensätzen, die wir in uns tragen.

Wenn sich all unsere Samensätze zu Blumen verwandelten, wäre unser Leben ein schöner und anmutiger Garten. Unglücklicherweise haben die meisten Menschen Unkrautsamen aufgelesen, die zu Disteln und Dornen werden, unsere Spontaneität ersticken und die Verwirklichung unseres wahren Selbst verhindern.

Hier sind einige Beispiele für Blumensaat-Sätze:

Ich bin ein wertvoller Mensch.
Ich verdiene es, geliebt zu werden.
Ich bin liebenswert.
Ich kann alles schaffen, was ich mir
*   vorgenommen habe.*

Wenn solche Samensätze in Ihrem Unterbewußtsein keimen, führen Sie wahrscheinlich ein wundervolles Leben mit einer Reihe liebevoller Beziehungen. Wenn Sie sich morgens im Spiegel ansehen, sind Sie zufrieden.
Unkrautsätze klingen so:

Ich kann einfach nichts richtig machen.
Ich verdiene es nicht, geliebt zu werden.
Ich kann das nicht.
Alle haben die Dinge besser im Griff als ich.

Wenn Sie sich ständig Unkrautsätze vorsagen, haben Sie zweifellos eine ziemlich schlechte Meinung von sich selbst. Wenn andere sich bemühen, Sie liebzuhaben, stellen Sie ihre Motive in Frage: Wie kommen sie dazu, *mich* zu lieben? Sie können nicht sehr intelligent sein. Unkrautsätze gehen Hand in Hand mit niedrigem Selbstwertgefühl.
Die Abiturientin Brenda war eine überzeugte Versagerin. Ihre Samensätze lauteten: Ich bin zu dick. Meine Hüften sind zu breit. Ich bin dumm. (Sie hatte einen Zensurendurchschnitt von Eins minus.) Jungen finden mich nicht attraktiv. Ich werde nie einen Freund finden!
Wegen dieser in ihrem Kopf herumschwirrenden Unkrautsätze war ihr Verhalten so bissig geworden, daß sie alle damit abschreckte. Immer wenn ein Junge, in den sie verknallt war, es wagte, hinter ihre rauhe Fassade zu sehen, begann sie ihn für einen Trottel zu halten. Jemand, der an ihr

interessiert war, konnte nur ein Versager sein. Dieses Dilemma hielt sie davon ab, zu bekommen, was sie wirklich wollte.

In der Therapie rupften wir einige ihrer Unkrautsätze aus und ersetzten sie durch schöne und ehrlichere Blumensätze. Schließlich ließ sie, als sie aufs College ging, nicht nur einen, sondern zwei sehr nette junge Männer zurück, denen es leid tat, sie gehen zu sehen.

Connie ist ein weiteres Beispiel für die Macht von Samensätzen. Als ihr der Magistertitel verliehen wurde, erinnerte sie sich, daß ihre Grundschullehrerin zu ihrer Mutter gesagt hatte: »Ein Glück, daß Connie so hübsch ist, denn besonders intelligent ist sie nicht gerade.« Connie nahm sich das sehr zu Herzen, und obwohl sie immer gute Noten hatte, kam sie sich dumm vor. Die Bemerkung der Lehrerin war zu einem verinnerlichten Samensatz geworden: Ich bin hübsch, aber ich bin dumm. Kein angenehmer Gedanke!

Wie kommen wir zu unseren Gedanken-Samen? Die Leute sagen die gedankenlosesten Dinge in Hörweite von Kindern: »So ein Gesicht kann nur eine Mutter lieben.« Oder: »Du bist wie ein Elefant im Porzellanladen.« Kinder glauben solche Äußerungen, weil sie von Menschen kommen, die für sie zwei Meter groß sind.

»Aber ich hab' doch nur Spaß gemacht …« Dieser Satz hat noch nie dazu geführt, daß Sie sich viel besser gefühlt haben, oder? Hänseleien sind versteckte Feindseligkeiten und so gut wie nie komisch, es sei denn, der Gehänselte wäre mit dieser Form der Kommunikation einverstanden. Es gibt freundliche, liebevolle Hänseleien, aber meiner Einschätzung nach sind sie in achtundneunzig Prozent aller Fälle verletzend.

Egal wie alt wir sind, es gibt bestimmte Bereiche, in denen wir besonders empfindlich sind; und so können heimtückische Sätze in unser Unterbewußtsein eindringen. Wir alle sind für eine bestimmte Art der Suggestion besonders anfällig. Zum Beispiel habe ich bei mir einen Samensatz entdeckt, den ich seit meiner Kindheit mit mir herumgetragen habe: Frauen sind nicht glücklich. Niemand hatte mir das gesagt, aber als kleines Mädchen *spürte* ich, daß dem so war. Die Frauen, die ich kannte, schienen nicht besonders glücklich zu sein: Sie seufzten und beklagten sich, und ich dachte, daß sie unglücklich waren. Als Kind sammelte ich viele Daten, die mich in meiner unterschwelligen Überzeugung, daß Frauen nicht glücklich seien, bestärkten. Eine bevorzugte Klage meiner Mutter, die sie mit einem Seufzen oder mit zusammengebissenen Zähnen von sich gab, lautete: Ein Mann mag von Sonnenaufgang bis Sonnenuntergang arbeiten, aber die Arbeit einer Frau nimmt kein Ende. Ich fragte mich: Wie können Frauen glücklich sein, die nur arbeiten müssen? Ein Unkrautsame, der nur zum Unglücklichsein beitragen konnte.

Es war vielleicht vorhersehbar, daß meine erste Ehe unglücklich wurde; und erst allmählich wurde mir bewußt, daß ich schon vor der Eheschließung unglücklich gewesen war. So seltsam es klingt, ich fühlte mich unbehaglich, wenn ich glücklich war. Immer wenn ich spürte, wie das Glücksgefühl in mir aufstieg, bekam ich Angst, weil mich das irgendwie aus dem Gleichgewicht brachte, und dann fing ich Streit an, wurde launisch oder sabotierte eine angenehme Situation. Mein Unterbewußtsein fühlte sich wohl damit, unglücklich zu sein. Wenn ich unglücklich war, lebte ich in Übereinstimmung mit meiner unterschwelligen Überzeugung, daß Frauen nicht glücklich waren.

Als mir diese schädliche unterschwellige Überzeugung bewußt wurde, begann ich daran zu arbeiten, sie zu ändern. Nach und nach gab ich mir die Erlaubnis, glücklich zu sein.

Jedesmal, wenn ich in meine alten Verhaltensmuster zurückzufallen drohte, hielt ich inne und versicherte mir, daß ich ein Recht hatte, mich glücklich zu fühlen. Ich ersetzte meine Unkrautsätze durch die folgenden Samensätze: Ich habe ein Recht, glücklich zu sein; es ist völlig in Ordnung, daß ich mich so gut fühle! Heute kann ich glücklich sein, und ich habe mir einige neue Samensätze ausgedacht, die mich in meinem neuen Bewußtsein bestätigen: Frauen verdienen es, glücklich zu sein und Spaß zu haben! *Ich* verdiene es, glücklich zu sein und Spaß zu haben!

Wir fühlen uns zum Bekannten hingezogen und meiden das Unbekannte. Wenn wir gegen unsere Samensätze vorgehen, empfinden wir einen Verlust an Integrität. Wir trauen dem nicht, was außerhalb unserer Erfahrung liegt. Meiner Erfahrung nach waren die Frauen, die ich kannte, nicht glücklich. Das bedeutet nicht unbedingt, daß meine Beobachtungen zutrafen; es heißt nur, daß ich die Frauen als unglücklich wahrnahm. Indem ich den negativen Unkrautsatz aus meinem Unterbewußtsein getilgt habe, bin ich zu dem geworden, was ich wirklich bin – eine im Grunde genommen glückliche Frau.

Lily verbrachte einen angenehmen Nachmittag mit ihrem Bruder und seiner Familie, als sie plötzlich scheinbar grundlos anfing, sich deprimiert zu fühlen. Als sie den Faden ihrer Gedanken zurückverfolgte, entdeckte sie einen Unkrautsatz, der im Verborgenen an ihr nagte: Alle guten Dinge gehen einmal zu Ende. Sie hatte die Abreise ihrer Familie betrauert, lange bevor die Zeit dafür gekommen war. Durch ihren Samensatz war sie darauf konditioniert, sich vor Verlust zu hüten. Sie war unfähig, den Augenblick zu genießen, da sie sein Ende nicht vergessen konnte.

Es ist wichtig, unsere emotionalen Unkräuter zu entfernen; verinnerlichte Samensätze wie: »Wenn sie mich ablehnen, sterbe ich« klingen melodramatisch, aber das verletzte innere Kind in uns nimmt Zurückweisung tatsächlich als lebensbedrohend wahr. Wenn uns solche lähmenden Samensätze bewußt werden, können wir beginnen, sie durch positive, heilende Gedanken zu ersetzen. Mit unserem neuen Bewußtsein über den inneren Terror des Unkrautsatzes, der uns Zurückweisung als lebensbedrohlich empfinden läßt, haben wir die Freiheit, uns Gedanken auszusuchen, die uns helfen, bewußt und selbstbestimmt zu handeln, anstatt uns vom Unterbewußtsein steuern zu lassen. Wenn wir uns unsere lähmenden und angstauslösenden Unkrautsätze bewußt machen und sie durch befreiende und bestätigende Blumensätze ersetzen, führt das zu der emotionalen Unabhängigkeit, unsere eigenen Entscheidungen treffen zu können. Und wir können uns für eine Sache entscheiden, weil sie richtig für uns ist und nicht, weil wir Angst vor ihr haben. Und das ist es, worum es bei der emotionalen Unabhängigkeit geht.

Religion und Gesellschaft gehören zu den Kräften, durch die unsere Überzeugungen am entscheidendsten geprägt werden. Oft denke ich, daß sie verdienen, die Brüder Grimm genannt zu werden. Früher haben Frauen religiöse oder gesellschaftliche Anschauungen kaum in Frage gestellt. Und wenn sie etwas als falsch erkannten, fühlten sie sich machtlos und unfähig, es zu ändern. Wenn wir uns hilflos fühlen, sinken wir tiefer in den Morast emotionaler Abhängigkeit.

Einer unserer größten Feinde war unsere eigene Autoritätsgläubigkeit. Sie ließ uns glauben, was immer die Institutionen der Politik, Gesellschaft und Religion uns über die Frauen zu sagen hatten. Es ist erst ein paar Jahre her, daß die Männer »ihre« Frauen praktisch besaßen. Sobald eine Frau heiratete, ging ihr Besitz in den Besitz des Mannes über. (In vielen Ländern ist das immer noch so.) Die Väter gaben dem Bräutigam eine Mitgift, damit er die Verantwortung für die Tochter übernahm. Das mag manche Frauen dazu gebracht haben, sich materiell abgesichert zu fühlen, aber es ermutigte junge Frauen wohl kaum, sich für einzigartig und wertvoll zu halten.

Haben Sie je im geheimen gedacht, daß die Gesellschaft Ihren Vater bedauerte, weil Sie kein Junge waren? Schlimmer noch, haben Sie je gedacht, daß Ihre Eltern enttäuscht waren, weil Sie ein Mädchen waren? Viele Frauen haben die überlieferte Überzeugung unserer Gesellschaft übernommen, daß Frauen in vielerlei Hinsicht weniger wert seien als Männer.

Viele Menschen können, wenn sie auf ihre frühen Erfahrungen mit der Kirche zurückblicken, das Gefühl haben, daß der Glaube ihnen Sicherheit und Liebe gab und sie ermutigte, ihr volles Potential zu entfalten, aber andere waren nicht so glücklich. Was wir in der Kirche hörten, war: »Herr, hab Erbarmen mit mir armseligem Sünder.« In vielen Religionen sind Schuld und Sünde ein Grundstein des Glaubens. Alle Menschen sind Sünder von Geburt an, und wenn du sündigst, wirst du für alle Ewigkeit in einem brennenden Feuersee geröstet, oder du mußt als Sühne für das schlechte Karma, das du auf dich geladen hast, viele Leben lang leiden.

Das englische Wort für Sünde (»Sin«) ist ursprünglich ein Begriff aus dem Bogenschießen, der »das Ziel verfehlen« bedeutet – eine weitaus freundlichere Interpretation, als dem Wort in vielen orthodoxen Religionen gegeben wurde. Tatsächlich sind wenige christliche Konfessionen mit der biblischen Definition von Sünde (zum Beispiel in den Zehn Geboten) zufrieden. Religiöse Führer fühlen sich oft verpflichtet, neue Sünden zu erfinden: Es ist noch nicht lange her, daß eine Frau, die ihren Knöchel zeigte, als Hure galt. Ein Mädchen, das rauchte, ebenfalls.

Es zahlt sich aus, die Samensätze durchzugehen, die wir von Religion und Gesellschaft übernommen haben. Bemerkenswert viele meiner Klientinnen kommen aus einem religiösen Umfeld, das die Entstehung von Schuldgefühlen förderte. Schuld und Angst halten diese Frauen emotional abhängig und hindern sie daran, ihr authentisches Selbst zu erfahren.

Lynn ist eine erfolgreiche Geschäftsfrau, alleinerziehende Mutter und in der Nachbarschaft respektiert und gemocht. Ihre Kindheit hat sie in einer strengen konfessionellen Schule verbracht, in der die wichtigste Anforderung darin bestand, sich an die Regeln zu halten. Lynn war nie ungehorsam, aber sie hatte auch nie das Gefühl, zufrieden mit sich sein zu können, egal, wieviel äußere Anerkennung sie bekam. In der Therapie erinnerte sie sich lebhaft und schmerzlich daran, daß eine strenge Lehrerin zu ihr gesagt hatte: »Du kannst auch nie etwas richtig machen!« Lynn war ein sensibles Kind, und sie verinnerlichte diese Aussage. Sie wurde zu einem grundlegenden Bestandteil ihres Selbstbildes, zusammen mit dem Samensatz: Ich mache nie etwas richtig. Als Erwachsene *fühlte* sie sich nie so, als würde sie etwas richtig machen, obwohl das, was sie tat, meistens richtig war.

Die Spiritualität ist wahrscheinlich mit der wichtigste Aspekt unseres Seins, den wir Menschen erforschen und verstärken sollten. Aber ich denke, daß wir unser authentisches spirituelles Ich erst erfahren können, wenn wir die nie hinterfragten, uns selbst verdammenden Glaubenssätze aufgespürt haben, die wir bei unseren Kontakten mit der Gesellschaft und manchen orthodoxen Religionen übernommen haben.

Viele unserer halbbewußten Samensätze drücken die Angst aus, andere zu verletzen. Das Problem ist, daß es unsere Freiheit einschränkt, wenn wir Angst haben, uns anderen gegenüber zu behaupten. Ich will damit weder Unfreundlichkeit noch Unhöflichkeit befürworten – es ist sehr wichtig für unser Selbstwertgefühl, uns in andere Menschen einfühlen zu können. Aber es schadet unserer Kreativität und Authentizität, wenn wir uns selbst nur unter der Bedingung mögen, daß wir die Anerkennung anderer genießen.

Frauen neigen dazu, sich von den Launen anderer bestimmen zu lassen. Was passiert, wenn Ihr Mann, Ihr Chef oder Ihre Kinder schlecht gelaunt sind und nichts sie zufriedenstellen kann? Tanzen Sie herum wie ein Tanzbär und versuchen, sie aufzuheitern? Ich habe das früher getan, weil ich immer das Gefühl hatte, irgendwie für die schlechte Laune anderer Leute verantwortlich zu sein. Wenn sie mich zurückwiesen, hatte ich das Gefühl, weniger wert zu sein. Ihre Zurückweisung war unerträglich für mich, und so versuchte ich, zu jeder Melodie zu tanzen, die sie spielten. Es hat nie geklappt, und ich wurde immer wütender auf mich selbst, weil ich mich benahm wie ein Fußabtreter.

Bei meiner Befreiung von der emotionalen Abhängigkeit habe ich gelernt, daß »ich nicht die Zielscheibe bin«, um ein Wort aus einem hervorragenden Buch von Laura Huxley frei wiederzugeben. Ich habe gelernt, Abstand zu gewinnen. Wenn ich wütende oder ablehnende Vibrationen spüre, verknotet sich mein Magen immer noch, meine Kehle verengt sich, und ich würde am liebsten zur nächsten Keksdose rennen, um da Trost zu suchen, aber ich sage zu meinem Körper und dem kleinen Mädchen in mir: Wir sind okay! Wir sind in Sicherheit! Diese neuen, machtvollen Samensätze geben mir so viel Sicherheit und Beruhigung, daß sich meine Angst auflöst und ich schließlich sehr zufrieden mit mir bin. Eine bedrohliche Situation ist zu einem erfreulichen inneren Sieg geworden; ich habe einen weiteren Angstanfall überwunden, ohne in die Falle emotionaler Abhängigkeit zu geraten.

Im folgenden habe ich eine Liste häufiger Unkrautsätze und Spitznamen zusammengestellt. Was für Samensätze haben Sie in der Kindheit in sich aufgenommen? Schreiben Sie sie in die dafür vorgesehene Leerzeile. Sehen Sie sich Ihre Samensätze an und beginnen Sie, ihre Macht durch Ihr Bewußtsein zunichte zu machen. Wenn Sie Unkrautsätze durch Blumen ersetzen, werden Sie sich aus dem Würgegriff befreien, mit dem sie Ihr Verhalten im Griff haben. Sind Ihre Samensätze Rosen, Lilien und Levkojen, oder eher Giftefeu, Giersch und Stinkmorcheln? Sie können Ihre Unkrautgedanken ausrupfen und sie durch Gedankenblumen ersetzen, die zu einem wunderschönen Leben erblühen werden.

Unkrautsätze:
Dinge, die wir für bare Münze
genommen haben

1. Ich hätte ein Junge werden sollen.
2. Tränen zeugen von Selbstmitleid.
3. Trag einen Hüfthalter und kreuz die Beine ..., nette Mädchen werden nicht ...
4. Nette Mädchen tun mehr im Haus, als sie müßten.
5. Frauen sind nicht glücklich.
6. Ich bin für das Glück eines anderen Menschen verantwortlich.
7. Man kann Frauen/Männern nicht vertrauen.
8. Die Welt ist grausam.

9. Frauen über vierzig sind nicht mehr attraktiv.
10. Ich bin häßlich, nicht liebenswert, (......) oder (......).
11. Ich kann das nicht.
12. Wasch keine schmutzige Wäsche in der Öffentlichkeit.
13. Ich muß immer gut drauf sein.
14. Nichts, was ich tue, ist gut genug.
15. Das ist Männerarbeit/das ist Frauenarbeit.
16. Für die Kinder bin ich allein zuständig.
17. Meine Schwester (mein Partner, Bruder, Vater, Hund) ist besser als ich.
18. Das Leben ist hart, und schließlich sterben wir.

Ihre persönlichen Unkrautsätze

1. _____
2. _____
3. _____
4. _____
5. _____
6. _____

Spitznamen

1. Pausbäckchen
2. Dickerchen
3. Schweinchen
4. Bohnenstange
5. Sommersprößchen
6. Döspaddel
7. Brillenschlange
8. Donnerhüfte

9. Kleine
10. Zinkennase
11. Dummes Lieschen

Ihre Spitznamen

1. _____
2. _____
3. _____
4. _____

Es dauert seine Zeit, bis man sich von unterschwelligen Grundhaltungen befreit hat und daran arbeitet, seine Überzeugungen mit dem Ziel liebevoller Selbstunterstützung in Einklang zu bringen; und es ist nicht einfach. Wir sollten behutsam mit uns selbst umgehen und daran denken, daß wir aufgerufen sind, unseren Nächsten *wie uns selbst* zu lieben, nicht uns selbst von unserer Liebe auszuschließen. Wenn wir uns selbst lieben, werden wir als natürliche Folge lernen, anderen eine tiefere und echtere Liebe entgegenzubringen.

Machen Sie sich Ihre Überzeugungen und Glaubenssätze bewußt. Betrachten Sie sie unter dem Licht Ihrer gegenwärtigen Kenntnisse als Erwachsener. Gestehen Sie sich liebevoll ein, daß sie so sind, wie sie sind. Dann akzeptieren Sie Ihre bisherige Haltung und versichern sich, daß Sie in der Lage sein werden, diese Überzeugungen in Gedanken umzuwandeln, die Ihnen erlauben werden, Ihre Persönlichkeit voll auszudrücken. Beginnen Sie schließlich geduldig mit der Veränderung.

KAPITEL ACHT

GESICHTER
DER ANGST

Angst ist die Frage: »Was fürchtest du und warum?« Unsere Ängste stellen – falls wir sie untersuchen – eine Schatzkammer der Selbsterkenntnis dar.

Marilyn Ferguson

Weil wir Frauen so durch unsere Ängste konditioniert sind, bringen wir einen großen Teil unseres Lebens damit zu, automatisch zu *reagieren*, anstatt auf kreative und angemessene Weise zu *agieren*. Die Tyrannei unserer unerforschten Ängste bindet uns an überholte Muster emotional abhängigen Verhaltens. Wenn wir uns unseren inneren Drachen der Angst nicht bewußt stellen, entwickeln sie die unangenehme Angewohnheit, in destruktiver Form aus ihren Höhlen zu kommen. Ich nenne diese unbewußten und unangenehmen Verhaltensmotive »die Gesichter der Angst«.

Angst hat viele Gesichter, und wir alle haben Ängste, die uns allein gehören – Ängste, die negative Gefühle oder Verhaltensmuster hervorrufen. Ich möchte hier die sechs Wege des Verbergens von Angst besprechen, die bei den Frauen, mit denen ich arbeite, am häufigsten vorkommen. Wenn wir diese weitverbreiteten Gesichter der Angst – und die Art, wie wir uns ihretwegen verhalten – genauer untersuchen, erhalten wir ein Modell dafür, wie Angst in positive und wachstumsfördernde Energie umgewandelt werden

kann. Angst *kann* ein Anstoß sein, nicht nur eine Behinderung.

> Beschwichtigungsverhalten
> Müdigkeit
> Widerstand
> Sucht
> Krankheit
> Depression

BESCHWICHTIGUNGSVERHALTEN

Das Lexikon definiert *beschwichtigen* unter anderem so: »besänftigen; der stillschweigenden oder offen ausgesproche-
nen Forderung eines anderen nachgeben«. Meine Definition lautet: »versuchen, es einem anderen recht zu machen,
die Verantwortung für dessen Leben übernehmen, ihn besänftigen, selbst wenn es auf Kosten unseres Selbst und
unseres Selbstwertgefühls ist.« Klingt sehr nach Co-Abhängigkeit und emotionaler Abhängigkeit, oder? Klingt nicht
nur so!
Für viele Frauen ist das Beschwichtigen eine gewohnte Ver-
haltensweise. Wie oft beschwichtigen wir den Mann in unserem Leben, indem wir seinen Stimmungen und Wünschen nachgeben, auch wenn wir es gar nicht wollen? Wie
oft geben wir den Forderungen unserer Kinder nach, auch
wenn wir sie wirklich nicht für vernünftig und angemessen
halten?
Unser Bedürfnis nach menschlicher Verbundenheit ist wohl
einer der Hauptgründe dafür, daß wir so sehr zum Beschwichtigen neigen. Es scheint, daß dieses Bedürfnis bei
Mädchen weitaus größer ist als bei Jungen. Niemand weiß

so genau, ob das angeboren ist oder eine Folge früher sozialer Konditionierung. Die Harvard-Psychologin Carol Gilligan hat in ihrem Buch *Die andere Stimme. Lebenskonflikte und Moral der Frau* das Verhalten von Vorschulkindern untersucht und festgestellt, daß Mädchen schon im Kleinkindalter weit mehr zu besänftigendem Verhalten neigen als Jungen. Die Mädchen wollten sich nicht wegen der Regeln eines Spiels zerstreiten, sondern versuchten, Frieden zu stiften, um die Beziehung zu ihren Spielkameradinnen zu retten. Den Jungen waren die Spielregeln so wichtig, daß sie eher die Freundschaft mit ihren Spielkameraden opferten, als ihre eigene Haltung aufzugeben. Gilligan folgerte, daß Mädchen emotionale Verbundenheit wichtiger ist als Jungen, aus welchen Gründen auch immer.

Als Erwachsene kultivieren Frauen offensichtlich ihr Bedürfnis nach emotionaler Verbundenheit. Wir geben uns ständig selbst preis, um uns mit anderen verbunden zu fühlen; es ist, als hätten wir Angst, den »Tod durch Unverbundenheit« zu sterben.

Wir versuchen, andere Leute zu besänftigen, weil wir Ablehnung, Mißbilligung und Trennung fürchten. Konflikte machen uns Angst: Wir fühlen uns unbehaglich, wenn wir uns streiten. Unser Magen krampft sich zusammen und unsere Kehle schnürt sich zusammen. Wir haben Angst, daß »sie« anderer Meinung sein könnten, uns ablehnen, nicht mehr mögen, zurückweisen oder sogar verlassen könnten. Es erfüllt uns mit Schrecken, uns seelisch von anderen getrennt und verlassen zu fühlen.

Wir Frauen lernen sehr früh, »nett zu sein«, um die Menschen zu besänftigen, mit denen wir verbunden bleiben wollen. Als wir Kinder waren, empfanden wir die Mißbilligung unserer Eltern als lebensbedrohlich. Als wir älter wurden, übertrugen wir unsere emotionale und manchmal auch unsere finanzielle Abhängigkeit von unseren Eltern auf gleichaltrige Freunde, auf Partner und Regierungsbehörden.

Trotz aller Fortschritte beim Erreichen ökonomischer Unabhängigkeit für Frauen ist die finanzielle Abhängigkeit eine Realität geblieben, die uns oft an unglücklichen und ungesunden Beziehungen festhalten läßt. Und sogar wenn wir finanziell unabhängig sind – emotional empfinden wir es immer noch als lebensbedrohlich, bei unseren Männern, Kindern, Kollegen oder Freunden in Ungnade gefallen zu sein. Wegen unsere Angst vor emotionaler Isolation geben wir allzu leicht unsere Unabhängigkeit auf.

Wir haben nicht nur ein Bedürfnis nach Nähe, wir sind auch von der Gesellschaft geschult, Friedensstifter zu sein. Viele Frauen betrachten es als ihre Aufgabe, ein emotionaler Leuchtturm für die Menschen um sie herum zu sein. Immer wenn jemand in Gefahr zu sein scheint, emotional an den Felsen zu zerschellen, betrachten wir es als unsere Pflicht, ins Wasser zu springen und ihn zu retten. Wir besänftigen und beschwichtigen und erkaufen den Frieden um jeden Preis. Opfern Sie Ihre Unabhängigkeit, damit in der Familie oder bei der Arbeit nur ja der Friede bewahrt bleibt? Wenn ja, kochen Sie innerlich, fühlen sich voller Groll, geschröpft und ausgenommen? Wenn dem so ist, ist der Preis, den Sie zahlen, Ihr innerer Friede und Ihr Selbstwertgefühl. Ein ziemlich hoher Preis!

Das Beschwichtigungsverhalten ist eine Art, uns selbst preiszugeben. Frauen sagen oft, wenn es um ihre eigenen Gefühle, Bedürfnisse oder Wünsche oder eine gedankenlose verletzende Bemerkung geht: »Oh, na ja, ich werde es dabei bewenden lassen. Es ist die Anstrengung nicht wert.« Was sie damit eigentlich sagen, ist: *Ich* bin die Anstrengung nicht wert. Wir sind die einzigen Hüter unseres Selbstwertgefühls.

Bewußt oder unbewußt zeigen wir den Menschen, wie wir zu behandeln sind! Es ist geradezu unheimlich, wie die Menschen um uns herum anfangen, uns für wertlos zu halten und als emotionale Abwaschlappen zu benutzen, wenn wir uns selbst wertlos fühlen. Diese Form der emotionalen Abhängigkeit ist fürchterlich. Ich weiß es, denn ich war eine chronische Beschwichtigerin.

Ich hatte panische Angst vor Ablehnung. In meinem tiefsten inneren Selbst fürchtete das ängstliche kleine Mädchen, das ich in mir trug, daß es sterben müßte, wenn es abgelehnt wurde. Also vermied ich Auseinandersetzungen. Ich erinnere mich noch, wie verletzt ich war, als eine Freundin im Beisein anderer eine witzige Bemerkung auf meine Kosten machte. Ich war niedergeschmettert, weil sie mich an einer sehr empfindlichen Stelle getroffen hatte. Aber ich lächelte liebenswürdig, um zu verbergen, wie verletzt ich war, und ließ es dabei bewenden. Ich fühlte mich sogar ein wenig schuldig, weil ich verletzt und wütend war, als würde ich es irgendwie verdienen, so behandelt zu werden. Glücklicherweise würde ich heute nicht mehr so reagieren! In der Therapie und durch ehrliche Gespräche mit mir selbst und meinen Freunden habe ich gelernt, mein inneres Kind zu lieben und zu trösten, wenn es sich zurückgestoßen fühlt. Heute lasse ich es wissen, daß es nicht sterben wird, weil es immer darauf zählen kann, daß *ich* emotional für es dasein werde. Da mein inneres Kind jetzt geschützt ist, habe ich die Freiheit, die Sache zu klären, wenn es zwischen mir und den anderen zu Mißverständnissen oder seelischen Verletzungen kommt.

Ich sehe das Beschwichtigungsverhalten häufig bei anderen Frauen, insbesondere im Umgang mit ihren Partnern. Vor kurzem beobachtete ich, wie eine Freundin wiederholt versuchte, ihren Mann zu beschwichtigen. Sie wollte in ein

Konzert gehen, und er hatte zugestimmt, sie zu begleiten. Bei dem Konzert sah sie ständig zu ihm hin, um zu sehen, ob es ihm auch gefiel. Wenn sie spürte, daß er verstimmt war, massierte sie seinen Rücken und redete schmeichelnd auf ihn ein, so als wollte sie sagen: Bitte, bitte, genieß das Konzert doch, damit ich es genießen kann. Später wurde ihr die Angst bewußt, die sie zu ihrem Verhalten veranlaßt hatte: Immer wenn ihr Mann ihr Verhalten mißbilligt, zieht er sich in ein eisiges Schweigen zurück. Sie war überzeugt, er würde ihr die Schuld geben, wenn er sich bei dem Konzert langweilte, weil sie vorgeschlagen hatte, hinzugehen. Ihr Leben mit ihm ist ein ständiger Teufelskreis: Die Angst, zurückgewiesen zu werden, veranlaßt sie dazu, ihn zu beschwichtigen, und das wiederum macht sie wütend auf ihn und auf sich selbst. Das Beschwichtigungsverhalten ist die negative Seite einer sehr wichtigen Gabe, die Frauen der Welt geben können, nämlich der Gabe, Menschen zu umsorgen und enge Bindungen einzugehen. Ich habe gelernt, niemanden mehr zu beschwichtigen, aber ich gehe Kompromisse ein. Ein beschwichtigendes Verhalten kommt aus einem ängstlichen, machtlosen inneren Raum heraus, wo es nur sehr wenig Entscheidungsfreiheit gibt. Ein bewußt eingegangener Kompromiß dagegen stammt aus unserem erwachsenen, kraftvollen Selbst, dem Teil von uns, der weiß, daß wir die Fähigkeit haben, zu *wählen*. Wenn wir mit anderen Menschen zusammenleben, wird es immer Gelegenheiten geben, bei denen es angemessen ist, Kompromisse einzugehen. Aber wir müssen das aus einem Zentrum innerer Ehrlichkeit und Integrität heraus tun – einem Ort der Stärke und Flexibilität. Das ist etwas völlig anderes, als sich selbst preiszugeben.

WAS WIR GEGEN BESCHWICHTIGENDES
VERHALTEN TUN KÖNNEN

Es ist nicht leicht, mit der Gewohnheit des Beschwichtigens zu brechen. Der erste Schritt ist, sich selbst dabei zu erwischen. Versuchen Sie, präzise zu sein. Wie beschwichtigen Sie? Und wen beschwichtigen Sie? Ihren Mann, Ihre Kinder, Ihre Mutter oder Ihren Schwiegervater? Wenn Sie merken, daß Sie jemanden beschwichtigen, halten Sie inne und denken Sie darüber nach, wie Sie sich fühlen. Wahrscheinlich werden Sie wie die meisten anderen entdecken, daß Sie wütend, voller Groll und verlegen sind.

Nachdem Sie sich Ihres Beschwichtigungsverhaltens bewußt geworden sind, können Sie entscheiden, anders zu handeln. Sie werden noch immer den Wunsch verspüren, zu beschwichtigen; aber wenn Sie mit Ihrem respektvollen und authentischen Verhalten Ihnen selbst und anderen gegenüber fortfahren, wird dieser Drang allmählich verschwinden.

Der Trick dabei ist, Ihre Toleranz für das Gefühl seelischen Getrenntseins auszubauen. Wenn Sie lernen können, zu sich selbst zu sagen: »*Oh, nun gut, ich sehe, daß wir uns jetzt für eine kleine Weile allein fühlen werden. Wie kann ich während dieser Zeit für mich selbst sorgen?*«, dann haben Sie begonnen, die Kette zu lösen, die Sie an das Beschwichtigungsverhalten fesselt.

Als ich versuchte, meinen Beschwichtigungsdrang zu überwinden, war es mir wichtig, etwas räumlichen Abstand von den Menschen zu gewinnen, von denen ich mich emotional getrennt fühlte. Wenn ich in ihrer unmittelbaren Nähe blieb, wurde ich fast überwältigt von dem Drang, meinen Schmerz durch beschwichtigendes Verhalten loszuwerden.

Also sorgte ich für mein eigenes Wohlergehen und verließ das Haus.

Was können Sie tun, wenn Sie sich zurückgewiesen fühlen und Ihr Selbstwertgefühl stärken müssen? Rufen Sie eine Freundin an. Gehen Sie ins Kino. Schreiben Sie Ihr Tagebuch. Halten Sie Zwiesprache mit der Natur. Sprechen Sie mit Ihrem inneren Kind und hören Sie auf diese Stimme. Stellen Sie sich Ihren Ängsten, und entscheiden Sie sich dann, Schluß mit den automatischen, destruktiven Verhaltensweisen zu machen, die gewöhnlich durch diese Ängste hervorgerufen werden. Sie werden nicht sterben. Sie werden überleben.

Sprechen Sie mit dem oder den betroffenen Menschen über Ihre Gefühle. Wenn das nicht möglich ist oder nicht konstruktiv wäre, reden Sie mit einer Freundin oder Therapeutin – oder notfalls mit Ihrem Hund oder Ihrer Katze – oder schreiben Sie in Ihr privates Tagebuch. Akzeptieren Sie die Tatsache, daß Sie jemanden beschwichtigt haben und sich entscheiden können, sich ab jetzt anders zu verhalten.

Zeiten der Veränderung sind voller Widersprüche. Sie sind schwierig, aber auch aufregend; sie machen Angst, aber sie befreien auch. Es versetzt uns in Hochstimmung, alle Verhaltensmuster loslassen zu können, die nicht mehr zu uns passen. Wenn wir lernen, Beschwichtigungsverhalten durch selbstbewußte Verhaltensmuster zu ersetzen und uns unseres eigenen Wertes bewußt zu sein, fangen wir an, uns sicher in unseren Beziehungen zu fühlen. Untersuchen Sie die Ängste, die Sie zum Beschwichtigen treiben: Betrachten Sie sie, prüfen Sie sie, bringen Sie sie ans Licht. Wenn Sie über Ihre Ängste Bescheid wissen und ganz bewußt positive Gegenstrategien anwenden, werden sie auch verschwinden; und Sie werden den Teufelskreis des Beschwichtigungsverhaltens durchbrechen.

Sind Sie und Ihre Freundinnen ständig müde? Die Gefühle zu unterdrücken – sie in die Kerker des Unterbewußtseins einzusperren – ist mit das Erschöpfendste, was es gibt. Der Prozeß ist »Jutesack-Methode« genannt worden: Wir stopfen alles, was wir nicht wahrhaben oder wahrnehmen wollen, in einen seelischen Jutesack; je mehr Gefühle wir verbergen, desto größer und schwerer wird der Sack. Das Herumschleppen eines erdrückend schweren Sacks voller unbewältigter und unausgesprochener Gefühle läßt uns so furchtsam und ausgelaugt zurück, daß wir nicht mehr genug Energie haben, für uns selbst einzutreten oder unabhängig zu sein.

Wenn Sie einen solchen Sack mit sich herumschleppen, ist es kein Wunder, daß Sie erschöpft sind – es ist sehr ermüdend, einen Sack voller Ängste, seelischer Verletzungen und Enttäuschungen mit sich umherzutragen und ihn dabei fest zu zu halten, damit die Gefühle sich nicht hinausstehlen und einen überwältigen. Es ist, als ob Sie auf einer Falltür sitzen, unter der zahlreiche rebellische Kobolde toben und versuchen, sich zu befreien.

Wenn Sie das Problem der chronischen Müdigkeit kennen, könnte es sein, daß Sie Gefühle hegen, die wahrgenommen und bewältigt sein wollen. Die Arbeit, die Gefühle zu unterdrücken, mit denen wir uns beschäftigen müssen – sie zu ignorieren, niederzuhalten oder die Auseinandersetzung mit ihnen zu verschieben –, ist für unseren Geist und unseren Körper wesentlich härter, als sich ihnen zu stellen. Es erfordert eine enorme Energie, die dunklen Gefühle und Gedanken, die wir *alle* haben, vor uns selbst und anderen zu verbergen. Wir sagen uns: Vielleicht verschwinden sie, wenn ich sie ignoriere. Aber natürlich tun sie das nicht. Gefühle, die wir uns nicht eingestehen, werden immer stärker, unbarmherziger und unkontrollierbarer. Langfristig gesehen macht es weniger Arbeit und ist unendlich lohnender, sich seinen Gefühlen zu stellen.

Oft ist Müdigkeit ein Signal unseres weisen Körpers und Geistes, das uns auf verborgene Gefühle aufmerksam machen soll. Wenn Sie sich von Ihren verdrängten Gefühlen zu bedroht fühlen, um sich allein mit ihnen auseinanderzusetzen, nehmen Sie psychologische Hilfe in Anspruch. Ihre Müdigkeit sagt Ihnen, daß es an der Zeit ist, Ihre innere Last zu erleichtern.

WIDERSTAND

Es liegt in der Natur des Menschen, sich gegen die Angst zu wehren. Dieses Gesicht der Angst, der Widerstand, ist nicht ungeschickt: Immer, wenn wir herausgefordert sind, uns zu ändern, versteckt es sich hinter rechtschaffener Empörung darüber, wie unfair und gefühllos die Menschen und die Umstände doch seien.

Manche Leute protestieren – gegen das Wetter, das Schicksal, das Altern, die Fußballergebnisse, ihre Ehepartner, die Politik. Wir finden solche Menschen negativ und grantig, aber in Wahrheit haben sie Angst. Sie fürchten sich vor allem, was Risiken, Veränderungen oder einen Verlust der Kontrolle mit sich bringen könnte. Anstatt ins eigene Innere zu sehen und ihre Reaktionen zu überprüfen, geben sie der Außenwelt an allem Schuld.

Der Widerstand versteckt sich gern hinter Ausreden:

> *»Das hab' ich vergessen ...«*
> *»Ich bin nicht angerufen worden.«*
> *»Ich habe verschlafen.«*

»Ich bin zu müde.«
»Es spielt sowieso keine Rolle.«
»Warum sollte ich mich ändern wollen? Es
gefällt mir so, wie es ist.«
»Es wäre viel zu schwer.«
»Ich könnte das nie!«
»Du solltest nicht so denken.«
»Das ist albern!«
»Ist es nicht schrecklich?«
»Ich bin zu dick (oder zu alt) dafür!«
»Ich kann nicht.«
»Warum soll immer ich mich ändern?«

Die beste Art, den Widerstand zu überwinden, ist, sich einen sanften Stoß zu geben. Wenn Sie merken, daß Sie anfangen, negativ zu werden, lachen Sie darüber, wenn Sie können. Bauschen Sie Ihre Klagen auf, bis sie lächerlich werden. Wenn Sie es schaffen, Ihren Widerstand auf die leichte Schulter zu nehmen, können Sie ihn leichter überwinden. Sehen Sie sich Ihren Widerstand genau an und entscheiden Sie sich mit der klügeren, leichtherzigen Seite Ihres Geistes, trotzdem zu handeln.

Als ich anfing, dieses Buch zu schreiben, stieß ich auf gigantische innere Widerstände. Was hatte ich schon zu sagen? Es würde niemanden interessieren. Meine Mühen würden nur belächelt werden. Und allein die ganze Arbeit!

Mein unsicheres inneres Ich trat höhnisch lachend vor, als ich meinen Kassettenrecorder und die Notizen der ersten Besprechung mit meiner Verlegerin verlor. (Ich hatte alles aufs Auto gelegt, und als ich anfuhr, flogen die Zettel über die ganze Straße.) Da wurde mir bewußt, daß ich mich davor fürchtete, das Buch zu schreiben – vielmehr, daß ich *panische*

Angst davor hatte – und ich redete über meine Angst. Ich nahm sie ernst, ohne mich von ihr beeinflussen zu lassen. Ich hörte auf, mich gegen den langen Prozeß des Schreibens des Buches zu sträuben, und versprach mir, immer einen kleinen Schritt nach dem anderen zu machen. Es war sehr wichtig, daß ich meinen anfänglichen Widerstand bewältigte; wenn ich es nicht getan hätte, wäre das Buch nie fertig geworden.

Sharon, eine meiner Klientinnen, sagte zu mir: »Das, was Sie letzte Woche gesagt haben, hat mich wirklich sehr beschäftigt.« Ich hatte ihr vorgeschlagen, behutsam zu erforschen, ob sie irgendwelche Widerstände gegen die Therapie hätte. Sie war überzeugt, keine zu haben. Sie sagte, sie wäre sehr gern bei mir; und doch kam sie zur ersten Sitzung zehn Minuten zu spät, und zur zweiten Sitzung zwanzig Minuten, weil »mein Mann keine Lust hatte, sich zu beeilen«. Zur dritten Sitzung kam sie gar nicht, und zur vierten kam sie wieder zu spät.

Als wir darüber sprachen, gab sie zu, daß sie sehr wohl Angst vor der Therapie hatte; sie fürchtete sich vor dem, was sie möglicherweise über sich selbst erfahren würde. Bewußt war sie bestrebt, etwas über sich zu erfahren und zu wachsen; im Unterbewußtsein hatte sie Angst. Sobald sie sich ihres Widerstandes bewußt wurde, brauchte sie nicht mehr zu spät zu kommen. Sie gestand ihre Angst ein, sich selbst und mir gegenüber: wenn die Angst wieder auftaucht, akzeptieren wir sie beide. Stück für Stück lernt sie, die Angst allmählich loszulassen.

Der Widerstand läßt uns an Verhaltensweisen, Gedanken und Gefühlen festhalten, die uns nur einen geringen Spielraum bieten. Immer wenn wir die Grenzen unserer Sicherheitszone überschreiten wollen, stellt er sich uns entschlossen in den Weg. Daß wir diesen sicheren Bereich verlassen wollen, löst verborgene Ängste vor dem Unbekannten aus.

Widerstand ist die verdrehte Form einer ganz natürlichen Regung. Schließlich gibt es viele Situationen, vor denen wir uns wirklich schützen müssen. Wenn wir unseren gesunden Sinn für Vorsicht plötzlich ganz außer Acht ließen, wäre das so, als würden wir den schützenden Schorf von einer Wunde reißen. Wenn Sie daher anfangen, an Ihrem inneren Widerstand zu arbeiten, tun Sie es behutsam, geduldig und voller Liebe.

SUCHT

In den letzten Jahren sind wir in zunehmendem Maße auf die Tendenz unserer Gesellschaft zu Süchten aller Art aufmerksam geworden – Eßsucht, Alkoholismus, Drogensucht, Medikamentensucht und Arbeitssucht, um nur ein paar zu nennen. Die Liste könnte fast unbegrenzt fortgeführt werden.

Wenn wir unsere Ängste hinter einer Sucht verstecken, wird unsere erste Reaktion wahrscheinlich sein: *Ich* bin doch nicht abhängig von ...! Es ist ein Hauptsymptom der Sucht, daß ihre Existenz geleugnet wird. Hat dieses sogenannte nichtexistente Problem jemals zu besorgten Bemerkungen von Familienmitgliedern und Freunden Anlaß gegeben? Wenn ja, müssen wir dem, was wir zu verleugnen suchen, große Aufmerksamkeit schenken.

Wenn wir unsere Ängste hinter einem zwanghaften Verhalten verbergen, wird unsere Fähigkeit zur Selbstverwirklichung stark eingeschränkt. Falls Sie mit dem Problem der Abhängigkeit zu kämpfen haben, gibt es Hilfen an jeder Ecke – Sie müssen nur den Mut finden, die Hand danach auszustrecken. Überall gibt es die Anonymen Alkoholiker, Al-Anon oder Selbsthilfegruppen, beispielsweise zu Eßstörungen oder Medikamentenabhängigkeit. Wenn Sie lieber allein daran arbeiten wollen – in den Buchhandlungen gibt es ein großes Angebot exzellenter Ratgeber. Tun Sie sich selbst einen lebensrettenden Gefallen und suchen Sie nach der Hilfe, die Sie brauchen.

Neben der Abhängigkeit von chemischen Stoffen sind viele Menschen vom Chaos und von Katastrophen abhängig geworden. Warum das? Weil wir, wenn wir in einem Strom von Aktivitäten oder Schocks mitgerissen werden, unsere ganze Energie dazu brauchen, uns über Wasser zu halten. Wir müssen uns nicht bewußt machen, daß das Leben, das wir leben, nicht unser eigenes ist. Wir haben weder die Zeit noch die Energie, uns zu fragen: »Und das soll alles gewesen sein?« Die Abhängigkeit vom ständigen Beschäftigtsein ist eine sehr effektive Vermeidungsstrategie. Im Getümmel allzu vieler Verpflichtungen können wir unbequemen Fragen aus dem Weg gehen, jedenfalls eine Zeitlang.

Niemand kann etwas für seine Ängste, aber es liegt an uns, wie wir mit ihnen umgehen. Wir tragen die Verantwortung dafür, das Größtmögliche aus dem Geschenk unseres Leben zu machen. Unsere Hauptaufgabe im Leben ist, zu erkennen, wer und was wir sind, und in der Welt unserer Schönheit Ausdruck zu verleihen. Das können wir nicht, wenn unsere Gefühle durch die Sucht betäubt werden.

Verdrängte Gefühle zeigen sich im Körper durch verborgene Verspannungen, ungesunde Angewohnheiten und streßbedingte physiologische Veränderungen. Oft kommen verdrängte Gefühle durch eine Krankheit zum Ausdruck.

In der Simonton-Krebsklinik in Texas fanden Carl und Stephanie Simonton heraus, daß oft bei unheilbar kranken Krebspatienten eine Besserung eintrat oder zumindest die Symptome weniger akut wurden, wenn sie zurückgehaltene Gefühle wie Schuld, Zorn oder Angst offen aussprechen konnten. Dr. Bernie Siegel, ein Chirurg, der Liebe für ebenso wichtig hält wie das Skalpell, ermutigt seine Patienten, all ihre Gefühle klar und deutlich in Worte zu fassen. Eine erstaunlich große Anzahl von Dr. Siegels »unheilbaren« Patienten wird wieder gesund.

Unser Körper versucht, Kontakt mit uns aufzunehmen, aber nur zu oft schenken wir den Signalen, die er uns sendet, keinerlei Beachtung. Wenn wir unseren Körper ignorieren, bringt er uns auf kreative Weise dazu, ihm zuzuhören. Marge ist ein gutes Beispiel dafür. Sie litt unter einer extrem belastenden Familiensituation, und die ständige emotionale Anspannung hatte sie erschöpft. Ihr Körper teilte ihr durch Müdigkeit und Verspannungen mit, daß sie sich Zeit zum Ausruhen nehmen und ihre Energien wieder auffüllen mußte. Sie ignorierte die Botschaft, vergrub sich in Arbeit und trieb sich bis zur Erschöpfung voran.

Sie begann dramatisch an Gewicht zu verlieren. Ihre Kleider hingen an ihr herunter, und die Kollegen boten ihrer »Twiggy« ständig Brötchen und Kuchen an, aber sie hatte nie Zeit zum Essen. Eines Tages fiel sie auf der Post in Ohnmacht. Als sie wieder zu sich kam, war sie umringt von besorgten Postkunden und Sanitätern. Da sie ein sehr zurückhaltender Mensch ist, war ihr das äußerst peinlich. Als Marge eilends ins Krankenhaus gebracht wurde, schwor sie sich, in Zukunft auf ihren Körper zu hören. Das erwies sich als lebensrettender Entschluß, denn nicht lange danach entdeckte sie einen Knoten in der Brust und ging augenblicklich zum Arzt. Es war ein bösartiger Tumor, aber sie hatte ihn so früh entdeckt, daß ihre Brust und ihr Leben gerettet werden konnten.

Krankheit ist eine wunderbare Art zu widerstehen – es ist so gesellschaftlich anerkannt und kann uns sogar Sympathien und Mitleid einbringen. Immer wenn Wyn und ihr Mann sich streiten, bekommt sie eine Erkältung. Sie fürchtet sich nicht nur vor einer Auseinandersetzung mit ihrem Mann, sondern auch davor, sich ihren eigenen Gefühlen zu stellen. Indem sie krank wird, vermeidet sie weitergehende Auseinandersetzungen. Ihre uneingestandenen Gefühle kommen als Krankheitssymptome zum Ausdruck. Unglücklicherweise bringt Wyns Unfähigkeit, sich ihren Ängsten zu stellen, sie und ihren Mann in eine Lage, in der beide nur verlieren können. Ihr bleibt das Unbehagen eines offenen Konflikts erspart, aber beide sind frustriert, zornig und verwirrt. Was ihr bleibt, sind Krankheitssymptome und ungelöste Eheprobleme, und sie wird ungewollt zur Zielscheibe des Zorns und der Frustration ihres Mannes.

Unser Körper warnt uns. Vor ein paar Jahren war ich zehn volle Tage krank – und ich bin selten krank. Ich hatte zahlreiche deutliche Warnsignale überhört, und schließlich sagte mein überarbeiteter Körper: »Gut, Sue, du hast es so gewollt«, und versagte mir den Dienst. Ich *konnte* nicht weitermachen. Vier oder fünf Tage konnte ich nichts anderes tun als mich auszuruhen. Sogar Lesen war mir zu anstrengend. Später begann ich mich zu fragen: Warum habe ich diese Krankheit gebraucht? Es wurde mir klar, daß ich

mich für das Leben aller Menschen um mich herum verant-
wortlich gefühlt hatte. Ich hatte mir eingeredet, daß meine
Klienten es ohne mich nicht schaffen könnten und daß
meine Familie meine ständige Unterstützung, meine weisen
Ratschläge und meinen schlagfertigen Humor brauchte.
Ich war unersetzlich!

Mein Zwangsverhalten war ein Ausdruck eines echten Be-
dürfnisses, meinen Freunden und meiner Familie zu helfen,
aber außerdem war es ein Egotrip. Ich trieb mich immer
weiter an – Superfrau fliegt wieder! Aber Superfrau fiel
schließlich in ihr Bett und blieb da. Überraschung! Alle
kamen großartig zurecht. Meine Klienten überlebten, mein
Berufsleben verlief schnell wieder in normalen Bahnen, in
der Familie gab es keine Probleme, die Freunde nahmen ihr
Leben selbst in die Hand, wohltätige Organisationen fanden andere Freiwillige, und mein Körper bekam die Ruhe,
die er brauchte. Das Muster war zerbrochen.

Eine bestimmte Angst hatte dazu geführt, daß ich krank
wurde: Die Angst, nicht gut genug zu sein, wenn ich nicht
stets alles gab, was ich zu geben hatte; und wenn ich nicht
gut genug war, würde ich sicher ungeliebt und verlassen
enden. Meine Klienten würden gehen, die Kinder würden
sich vernachlässigt fühlen, mein Mann wäre enttäuscht von
mir – oh, Schrecken über Schrecken! Ich würde nicht *vollkommen* sein! Ich brauchte die Krankheit, um zu erkennen,
daß ich in zwei alte Denkmuster zurückgefallen war, die
vielen Frauen vertraut sind: (1) Denk stets zuerst an alle
anderen; und (2) Ich bin erst gut genug, wenn ich vollkommen bin.

Für andere dazusein, ist ein wesentlicher Bestandteil eines
glücklichen und gesunden Lebens; aber es ist schädlich,
unersetzlich sein zu wollen. Nehmen Sie sich bei der Arbeit
und bei Ihren ehrenamtlichen Verpflichtungen etwas zu-

rück. Niemand ist unersetzlich. Superfrau, häng deine magischen Armbänder an den Nagel! Und wenn du krank wirst, respektiere deinen Körper; gib ihm die Ruhe und die medizinische Pflege, die er braucht.

Nicht jede Krankheit ist seelisch bedingt. Eine Freundin von mir, eine Therapeutin, bekam während ihrer Aerobic-Stunden schwere Kopfschmerzen. Sie war an Selbstanalyse gewöhnt und stellte sich die üblichen Fragen: Warum brauche ich die Kopfschmerzen? Was habe ich verdrängt? Was kann ich daraus lernen? Keine Antworten kamen. Verbarg sie etwas vor sich selbst? Schließlich kam ihr der Gedanke, ihr Stirnband zu lockern. Das half!

Gehen Sie behutsam mit sich selbst um. Wenn Sie feststellen, daß Sie eine Krankheit als Fluchtmittel benutzen oder daß Sie sich selbst antreiben, bis Sie krank werden, lernen Sie, diese Verhaltensmuster zu ändern. Respektieren Sie Ihren Körper; wenn er Ihnen den Dienst versagt, weil er eine Ruhepause braucht, entspannen Sie sich und genießen Sie es.

DEPRESSION

Depression ist eine klassische Frauenkrankheit. Warum? Wenn wir nicht auf konstruktive, heilsame Weise ausdrükken, was wir fühlen – was uns auf die Nerven geht –, ist das Resultat sehr oft eine Depression – ein Weinen ohne Tränen.

Die Depression ist wie ein Nebel, der sich über uns senkt und unsere Fähigkeit einschränkt, zu erkennen, was wir wirklich fühlen. Durch Depressionen werden oft Umstände in unserem Leben hervorgerufen, die wir ändern müßten; aber davor haben wir Angst.

Manche Formen der Depression sind normal. Wenn wir einen Verlust erleiden, einen Rückschlag hinnehmen müssen oder ein Traum zerbricht, wäre es unnatürlich, sich nicht etwas deprimiert zu fühlen. Depression ist eine von den fünf normalen Phasen des Trauerns, die Elizabeth Kübler-Ross in ihrem Buch *Interviews mit Sterbenden* beschreibt. Aber die meisten Depressionen, und ganz bestimmt jede chronische Depression (sofern sie nicht auf eine hormonelle Störung zurückzuführen ist) sind ein Hinweis darauf, daß wir etwas nicht sehen wollen oder eine notwendige Handlung unterlassen. Oft ist dieses »etwas« Wut und Zorn.

In der Psychologie ist das ein altes Klischee: Depression ist nach innen gerichtete Aggression. Das ist im Grunde richtig, aber Depression kann auch jedes andere Gefühl sein, das sich nach innen richtet. Ich weiß nicht, wie es bei Ihnen war, aber ich durfte als Kind meine Wut nie zeigen. Meine Familie leugnete, daß Wut und Zorn überhaupt existierten. Ich spürte meine Wut, und ich spürte den Zorn, den meine Eltern und meine Schwester ausstrahlten, aber wir gaben es nie zu. Wir sperrten unsere Wut in einen Schrank, wo sie größer und größer wurde.

Ich weiß noch, wie ich einmal, als Jugendliche, meine Wut offen zeigte und in Hörweite meiner Mutter fluchte. Im Rückblick finde ich, daß mein Zorn berechtigt war, und daß ein ordentliches Losbrüllen und einige Schimpfwörter nicht übertrieben waren. Aber als Strafe dafür wurde mir verboten, an einer Tanzveranstaltung teilzunehmen, auf die ich mich sehr gefreut hatte. Außerdem redete meine Mutter den Rest des Tages nicht mehr mit mir. So lernte ich, meinen Zorn nach innen zu richten, um Ablehnung und Strafen zu vermeiden.

Um uns vor dem Fegefeuer der seelischen Trennung zu

retten, suchten wir oft Zuflucht in emotionale Abhängigkeit.
Wir lernten Folgendes:

Nette Mädchen sagen so was nicht!
Nette Mädchen werden nicht *aggressiv.*
Nette Mädchen lehnen sich nicht *auf.*
Nette Mädchen werden nicht *wütend auf*
die Menschen, die sie lieben.
Nette Mädchen lernen, *das arme Opfer zu spielen.*
Nette Mädchen lernen, *ihre Wut versteckt*
und auf manipulative Weise auszudrücken.
Nette Mädchen werden *depressiv.*
Nette Mädchen fühlen *sich wie gelähmt durch all*
ihre verdrängten Emotionen und
die Schuldgefühle,
die sie verspüren, weil sie solche Gefühle
überhaupt haben.

Wenn Sie sich deprimiert fühlen, überprüfen Sie, ob Sie
nicht tief drinnen eigentlich wütend sind. Wut ist eine
natürliche Reaktion – es ist die Art, wie Sie sich selbst
mitteilen, daß irgend etwas nicht so ist, wie es sein sollte. In
unserer Gesellschaft gelten Zorn und Depressionen als
»schlecht«. Wir glauben, daß ein normaler Mensch stets gut
aufgelegt und glücklich sein sollte.
Wir sind nur wirklich depressiv, wenn wir uns unserer Gefühle nicht bewußt sind. Wenn wir uns ihrer bewußt sind
und an ihnen arbeiten, sind wir mitten in einem sehr gesunden Heilungsprozeß, auch wenn unsere Gefühle traurig
sind.
Das ist ein sehr wesentlicher Punkt. Bezeichnen Sie sich
nicht als depressiv und lassen Sie nicht zu, daß andere Sie
so bezeichnen, wenn Sie in Wirklichkeit gerade Ihre authen-

tischen Gefühle durchleben! Ich spreche nicht von einem Zerfließen vor Selbstmitleid – damit schaden Sie sich nur. Ich spreche davon, Ängste und Aggressionen ans Licht zu bringen und sich anzusehen. Wenn Sie das tun, leiden Sie *nicht* unter einer Depression.

Wenn Sie sich deprimiert fühlen, seien Sie präzise: Was genau fühlen Sie? Benennen Sie es. Bringen Sie den Drachen ans Licht.

Sondra hatte Depressionen und wußte nicht warum. Durch behutsame Erkundungen entdeckten wir, was sie im Grunde fühlte: Traurigkeit. Sie war traurig, weil ihr Mann viele ihrer Gefühle und Bedürfnisse nicht verstand. Sie fühlte sich allein gelassen, frustriert und kränklich. Sie hatte ihre Traurigkeit und Einsamkeit durch eine vage Depression zugedeckt, weil sie fürchtete, daß sie ihren Mann verlassen könnte, wenn sie ihre wirklichen Gefühle aussprach.

In der Therapie entdeckte sie, was sie in ihrer Ehe vermißt hatte; und sie machte sich daran, andere Wege zu suchen, auf denen sie diese Bedürfnisse erfüllen konnte. Sie entschied sich dafür, bei ihrem Mann zu bleiben und sich auf die vielen guten Seiten der Ehe zu konzentrieren. Sie löste sich aus der frustrierten Abhängigkeit von ihrem Mann und von der Erwartung, daß er all ihre Bedürfnisse erfüllen müßte. Sie lernte, mit einem Computer umzugehen, eröffnete ein Geschäft, suchte sich neue Freunde und erneuerte die Beziehungen zu Freundinnen, die sie aus den Augen verloren hatte. Sondras Depressionen waren ein wertvoller Hinweis darauf, daß sie wichtige Gefühle verdrängte und so ihr Leben aus Furcht heraus einschränkte.

Wenn wir beginnen, unsere Depressionen zu untersuchen und uns zu fragen, ob ihnen Gefühle von Zorn und Wut zugrunde liegen, sollten wir unbedingt daran denken, wie hart es für jemand anderen ist, die volle Wucht unseres

Zorns zu ertragen. Auch deshalb ist es so wichtig, daß wir lernen, unsere Wut nicht nach innen zu kehren, sie nicht aufzustauen, bis sie zu einer selbstzerstörerischen Depression wird oder in einer unkontrollierten Explosion aus uns herausbricht. Es ist wenig konstruktiv, dem Partner eine zu knallen oder den Hund zu treten, aber es *ist* konstruktiv, auf einen Sandsack einzuboxen, Brot zu kneten oder Racquet-Ball zu spielen.

Wir müssen unsere Wut, unsere Angst und andere uneingestandene Gefühle, die wir haben mögen, annehmen, egal wie wenig gesellschaftlich akzeptabel sie zu sein scheinen. Wir sind Menschen, und wir leben mit der gesamten Skala der menschlichen Gefühle, ob wir sie nun für erlaubt halten oder nicht. In einem Klima der Akzeptanz können wir lernen, unsere Gefühle auf gesunde und produktive Weise auszudrücken. Wenn wir uns selbst mehr lieben und bestärken, werden die Gesichter der Angst allmählich verschwinden.

KAPITEL NEUN

BEGRABEN
UNTER DEM SCHUTT
DES LEBENS

Die schrecklichste Form von Armut ist Einsamkeit
und das Gefühl, unerwünscht zu sein.

Mutter Teresa

Kein Mensch ist völlig frei von innerem Schutt. Wir haben alle getrauert. Wir tragen alle unbewältigten seelischen Schrott mit uns herum. Wir haben Zorn, Schuldgefühle und Groll unterdrückt. Wir sind Menschen, und diese Erfahrungen tragen zu unserem Wachstum bei. Aber wir können nur wachsen und uns selbst verwirklichen, wenn wir unsere inneren Verletzungen heilen, unseren Schmerz mit anderen teilen und uns selbst und anderen vergeben. Wenn wir unbewältigten emotionalen Dreck unter den Teppich kehren, besteht immer die Gefahr, daß wir darüber stolpern und direkt in den Strudel emotionaler Abhängigkeit geraten.

Es ist wahr, daß Wachstum nicht ohne Risiko zu haben ist; aber wenn Ihre Fähigkeit, Schmerz zu ertragen, größer wird, werden Sie in der Lage sein, zu handeln, auch wenn Sie ein Risiko eingehen müssen, auch wenn Sie Angst haben – und das heißt, das Sie dabei sind, sich aus der emotionalen Abhängigkeit zu befreien. Wenn Sie den Dreck unter dem Teppich hervorholen und aufkehren, werden Sie sich zunehmend selbstsicherer und unabhängiger fühlen. Nicht sofort vielleicht, weil der Heilungsprozeß Zeit braucht, um an Kraft zu gewinnen. Aber wenn Sie beständig und geduldig daran arbeiten, wird die Heilung einsetzen, und Kreativität und ein Gefühl von Freiheit beginnen zu fließen.

SCHULDGEFÜHLE

Ein sehr großer Teil des Schrotts unter unserem emotionalen Teppich sind unsere Schuldgefühle. Schuldgefühle breiten sich unter Frauen mit der rasenden Geschwindigkeit der Beulenpest aus. Wir fühlen uns schuldig, wenn unsere Kinder nicht so sind, wie wir denken, daß sie sein sollten, oder wie unsere Eltern oder die Gesellschaft denken, daß sie sein sollten. Eine Bekannte von mir hatte einen Sohn, der in der Schule ein absolutes As war. Auf dem College brannte er aus und brach die Ausbildung ab. Er arbeitet nicht oft, und wenn, dann verübt er Handlangertätigkeiten. Ihr ständiger Ausruf ist: Was habe ich nur falsch gemacht?

Frauen fühlen sich schuldig, wenn sie:	
berufstätig sind	nicht berufstätig sind
die Kinder bestrafen	die Kinder nicht bestrafen
mehr Geld verdienen als ihre Ehemänner oder Väter	nicht »ihren Teil beisteuern«
sich Zeit für ihre persönlichen Interessen nehmen	sich nicht die Zeit für ihre persönlichen Interessen nehmen
sich scheiden lassen	keine glückliche Ehe führen
sich nach mehr Freizeit und/oder Alleinsein sehnen	die spirituelle Seite ihres Wesens vernachlässigen

lange am Telefon klönen	sich nicht um ihre Freundinnen kümmern
nein sagen	nicht nein sagen
Sex haben oder wollen	keinen Sex haben oder wollen
krank werden	sich nicht fit halten und nicht jugendlich genug aussehen
wütend werden	nicht für sich selbst eintreten
Kinder haben	keine Kinder haben

Finden Sie sich in dieser Liste wieder? Ich schon! Früher fühlte ich mich schon schuldig, wenn das Fell der Katze verfilzt war. Wer hat gesagt, daß ich dafür zuständig war, die Katze zu bürsten? Ich selbst!

Unsere Kultur läßt uns glauben, daß wir verantwortlich sind für das Glück anderer, für ihren Erfolg, ihre Stimmungen, ihren Streit und ihr Versagen. Wenn unsere Familien nicht glücklich sind, ist das unsere Schuld.

Laut Lynne Caine, der Autorin des Buches *Was habe ich bloß falsch gemacht? Mütter, Kinder, Schuld* hat Sigmund Freud dazu beigetragen, diese Ansicht aufrechtzuerhalten. In einem Interview sagte sie:

»Unsere Gesellschaft ist durchdrungen von dem Glauben, daß die Mütter an allem schuld sind. Das fing, glaube ich, in den vierziger Jahren an. Damals entdeckten die Psychologen, die die Freudsche Lehre populär machten, daß die Mütter für alles verantwortlich seien, was mit der amerikanischen Familie nicht stimmte. 1942 schrieb Philip Wylie sein Buch *Generation of Vipers,* in dem er verkündete, daß Mama eine ›Landplage‹ und eine ›plappernde Nervensäge‹ sei. Er prägte den Begriff ›Muttismus‹. Seitdem sind Mütter praktisch zur Jagd freigegeben. In der Literatur, im Kino und im Fernsehen wimmelt es von Mütterbeschuldigungen – in manchen Fällen geht das bis zum Mutterhaß. Mütter werden entweder als manipulativ, besitzergreifend, herrschsüchtig und gehässig dargestellt oder als schwach, untüchtig und lächerlich.«

Die Vorstellung, daß die Mutter an allem schuld ist, ist zu einem festen Bestandteil unseres Glaubenssystems geworden. Für die meisten Frauen ist diese Überzeugung eine unterschwellige Grundhaltung – etwas, das sie für bare Münze genommen haben. Wir glauben an »muttistische« Samensätze wie: Es ist meine Schuld, wenn mein Kind, mein Mann oder mein Freund nicht glücklich ist. Ich bin dafür zuständig, das Leben meines Mannes in Ordnung zu bringen. Ich bin verantwortlich dafür, wie gut sich mein Kind auf dem College macht.

Übertriebene Beteuerungen von Verantwortlichkeit wie diese haben die Macht, uns mit Schuldgefühlen zu beladen, die uns anderen gegenüber emotional in die Pflicht nehmen, obwohl Menschen in Wahrheit eigenverantwortlich handeln können. Wir können niemanden glücklich oder erfolgreich *machen;* wenn wir das Gefühl haben, andere Menschen glücklich machen zu müssen, ist eine Enttäuschung unvermeidlich.

Vor Jahren füllten mein Mann und ich in einer Zeitschrift einen psychologischen Test aus, um zu sehen, ob wir zueinander paßten. Eine der Fragen lautete: »Wenn Sie und Ihr Partner sich streiten, wessen Schuld ist das manchmal/gewöhnlich/immer?« Meine Antwort war »manchmal seine«

und die meines Mannes »immer ihre«. Er glaubte an den Mythos, daß ich dafür verantwortlich sei, ihn glücklich zu machen.

Streiten machte ihn unglücklich, also mußte es meine Schuld sein, wenn wir uns stritten.

Wenn wir die Verantwortung für das Glück eines anderen Menschen übernehmen, können wir nur versagen. Ich nenne das »ein Verantwortungsschwamm sein«. Jedermann wird uns als Mülleimer benutzen, als hätten wir ein Schild um den Hals, das unsere Partner, Kinder, Eltern und Arbeitgeber auffordert: »Hier Müll abladen«.

Es gab eine Zeit, in der ich sofort in die Bresche sprang, wenn bei einem meiner Kinder oder bei meinem Mann auch nur das geringste Anzeichen von Unglücklichsein zu erkennen war. Bei zwei Ehen und vier Kindern hatte ich damit ziemlich zu tun! Ich war überzeugt, daß ich irgendwie versagt oder ihre Gefühle verletzt hatte, wenn sie unglücklich waren, daß es Teil meiner Aufgabe als Ehefrau, Mutter und Mensch war, niemals die Gefühle von jemandem zu verletzen. Aber dann entdeckte ich, daß *es unsere Freiheit einschränkt, wenn wir Angst haben, uns anderen gegenüber zu behaupten.*

Ich glaubte wirklich, daß es meine Aufgabe war, jedermanns Müll zu tragen und alle Spuren von Unglücklichsein zu beseitigen. Wenn ich es nicht tat, fühlte ich mich schuldig. Wenn ich es tat und sie das nicht »glücklich machte«, fühlte ich mich nicht nur schuldig, sondern war außerdem verärgert. Zur Rolle des Verantwortungsschwamms gehört das Bedürfnis, anderen Leuten Dinge beizubringen, die sie nicht wissen, insbesondere über Gefühle. Als Therapeutin neigte ich ganz entschieden dazu. Ich wußte alles über Gefühle. Aber mein Mann haßte es, wenn ich anfing zu predigen; er hatte dann den Eindruck, als wäre ich gleichzeitig seine Lehrerin. Sowas wirkt sich verheerend auf das Liebesleben aus!

Wir brauchen liebende Beziehungen zu anderen Menschen, aber wir dürfen auf keinen Fall die Verantwortung für unser Leben einem anderen übergeben oder die Verantwortung für das Leben eines anderen auf uns nehmen. Wenn wir unser Glück in die Hände eines anderen legen, machen wir uns abhängig; wenn wir die Verantwortung für das Glück eines anderen übernehmen, ermutigen wir ihn, sich abhängig zu machen – eine Einladung, die der wahrhaft gesunde menschliche Geist immer entschieden ablehnen wird.

Schuldgefühle sind entweder angemessen oder unangemessen. Angemessene Schuldgefühle sind ein Wegweiser, der uns sagt, daß wir in die falsche Richtung gehen. Er ragt vor uns auf und sagt uns »Stop. Falscher Weg.« Er ist da, um uns zu helfen; wenn er wahrgenommen wird, verschwindet er, da seine Aufgabe erfüllt ist. Wenn Sie beispielsweise eine gedankenlose oder verletzende Bemerkung gemacht haben, können Gewissensbisse ein Zeichen dafür sein, daß Sie sich entschuldigen sollten.

Selbstverständlich gibt es auch angemessene Schuldgefühle, die tief, beständig und schmerzhaft sind. Diese intensiven, angemessenen Schuldgefühle weisen auf eine schwere Abweichung vom akzeptablen Verhaltenskodex hin und zeigen die Notwendigkeit einer radikalen Überprüfung des eigenen Lebens an. Ein Mörder oder Kinderschänder wird hoffentlich früher oder später diese Art von Reue verspüren.

Unangemessene Schuldgefühle bleiben uns ewig erhalten und lähmen uns mit ihrem ewigen »wenn ich nur«. Eine Freundin hat einmal zu mir gesagt: »Ich hab' eine Jahreskarte für den Schuldzug. Sobald er in den Bahnhof einfährt,

steige ich ein!« Eine andere Freundin witzelte: »Ich verlasse
ihn nie, Bahnhof hin oder her!«

WIE KOMMEN WIR
IN DEN SCHULDZUG?

Kinder können die emotionalen Schwingungen, die von
ihren Eltern und anderen Erwachsenen ausgehen, deutlich
spüren. Sie sind außerordentlich sensible Barometer der
Gefühlslage der Familie. Von der Geburt bis zum Alter von
ungefähr sechs oder sieben Jahren sind Kinder nicht nur
sensibel, sondern auch sehr ichbezogen. In diesem Alter
sind sie unfähig, äußere Ursachen zu verstehen; wenn daher
zu Hause irgend etwas passiert, sind sie überzeugt, es verursacht zu haben. Als mein ältester Sohn fünf Jahre alt war,
sagte er zu mir: »Mamma, bitte wein' doch nicht! Wenn du
weinst, fühle ich mich, als hätte ich jemanden umgebracht.«
Ich wußte, was mein Sohn empfand. Als kleines Mädchen
trug ich Zöpfe, und meine Mutter flocht sie mir jeden
Morgen und seufzte dabei wiederholt tief auf. Es war eine
schwere Zeit – mein Vater war im Krieg, wir hatten wenig
Geld, meine Mutter mußte arbeiten gehen, und ich blieb in
der Obhut meiner lieblosen Großmutter zurück. Für mein
kleines Herz hießen diese Seufzer, daß ich eine Belastung
war: *Ich* machte meine Mutter unglücklich. Eine Generation
später dachte mein Sohn, daß es seine Schuld war, wenn ich
wegen seines Vater und der Scheidung weinte.
Als Erwachsene regte es mich lange furchtbar auf, wenn
irgend jemand schwer seufzte. Ich fühlte mich sofort schuldig und verspürte den brennenden Drang, entweder der
betreffenden Person zu helfen oder wegzurennen. Es nützte
gar nichts, daß ich mir selbst sagte, wie albern das sei. Eines

Tages wurde mir bewußt, daß die frühen Zopfflechtsitzungen mit meiner Mutter die Ursache meiner unterschwelligen Haltung waren. Als Kind besaß ich nicht das Wissen oder die Spitzfindigkeit, meine Mutter einfach zu fragen, ob es sie belaste, meine Haare zu flechten; ich konnte nur Hinweise aufnehmen und sie in meine enge kindliche Realität einfügen. Ich entwickelte die unterschwellige Grundhaltung: Ich bin eine Belastung. Ich muß andere Menschen glücklich machen, weil es meine Schuld ist, wenn sie es nicht sind.

Wie kommen wir vom Schuldzug herunter? Indem wir uns daran erinnern, daß wir nicht für das Glück anderer Menschen verantwortlich sind.

Es dauerte lange, bis ich mein inneres kleines Mädchen überzeugt hatte, daß sie sich nicht mit unangemessenen Schuldgefühlen zu bestrafen brauche. Es waren viele behutsame, geduldige und hartnäckige Erinnerungen nötig, aber schließlich glaubte sie mir. Heute ist sie fähig, sich zu entspannen und andere ihre eigene Verantwortung tragen zu lassen. Ich fühle mich jedesmal hochgestimmt und frei, wenn etwas geschieht, wofür ich mich früher schuldig gefühlt hätte und mich heute nicht mehr schuldig fühle.

Bei der Bewältigung unserer Schuldgefühle kann es sehr hilfreich sein, mit anderen darüber zu sprechen. Es ist erstaunlich, wie schnell Schuldgefühle verschwinden können, wenn wir eine liebevolle Rückmeldung von Menschen bekommen, die die Lage, da sie nicht direkt betroffen sind, objektiver beurteilen können.

Als ich vor kurzem die Freundin traf, die gesagt hatte, sie hätte eine Jahreskarte für den Schuldzug, erzählte sie mir, sie würde sich nicht mehr ständig schuldig fühlen. Das interessierte mich, und ich schickte ihr eine Postkarte mit dem Bild einer verwirrten kleinen Gestalt, die einen Koffer schleppt. Darauf stand: »Ich gehe auf einen Schuldtrip. Könntest Du vorbeikommen und meine Wahnvorstellungen füttern?« Sie schrieb zurück: »Gern. Jederzeit bereit – da ich aufgehört habe, meinen Schuldgefühlen neue Nahrung zu geben, habe ich mehr Zeit für solche guten Taten.« Sie hatte die bewußte Entscheidung getroffen, sich nicht mehr schuldig zu fühlen, und sie hatte es geschafft. Das können Sie auch.

WUT UND GROLL

Kratz bei einer Frau die Oberfläche an, und du findest Zorn.

Virginia Woolf

Wut und Groll sind das andere, das wir oft unter unseren emotionalen Teppich kehren. Für Frauen ist Zorn das stärkste Tabu, das es gibt. Wir sind gelehrt worden, nie wütend zu sein; und wenn wir doch Wut empfanden, war es uns ganz entschieden verboten, sie zu zeigen. Wir haben gelernt, unsere Wut zu verbergen, sie versteckt auszudrücken oder sie pflichtbewußt zurückzuhalten, bis schließlich die Hölle losbricht.

Die Streßforschung hat gezeigt, daß unterdrückte oder *falsch ausgedrückte Wut* zahlreiche negative Folgen haben kann, unter anderem emotionalen Rückzug, Magengeschwüre, Migräne, Kindesmißhandlungen, Depressionen und Selbstmord.

Patricia Sun, eine spirituelle Lehrerin, die bewußtes Leben lehrt, meint: »Wut kommt aus unserer intuitiven, rechten Gehirnhälfte und sagt uns: ›Etwas ist nicht richtig so, wie es ist!‹« Wut ist eine Warnung. Um sie auf kluge Weise zu bewältigen, machen Sie sich Ihre Wut zunächst einmal bewußt, hören Sie auf sie. Man muß ja nicht alles ausführen, was die aufgeheizten Gefühle einem so nahelegen: »Ich werde ihn mit einem Baseballschläger zu Brei schlagen!« Und natürlich sollten Sie niemanden verletzen; aber Wut, wenn wir sie nicht so lange schmoren lassen, daß sie riesige Ausmaße annimmt, ist gesund, wie ein Feueralarm, der eine Menge Unheil verhüten kann.

Wir ignorieren unsere Wut hauptsächlich, weil wir unsere Lebensumstände nicht gefährden wollen. Natürlich gibt es gewöhnlich konkretere Ursachen: Wir sind bestraft worden, weil wir wütend geworden sind; wir haben Ablehnung erfahren, weil wir nicht nett genug waren; und so weiter. Wenn diese Konditionierung die Oberhand behält, wird Wut zu schwelendem Groll. Der Groll wird zu einer unkontrollierbaren, irrationalen Macht, die mit Schuldzuweisungen an andere arbeitet. Rebecca war fünfzig Jahre lang mit dem gleichen Mann verheiratet. Sie war oft zornig, zeigte ihre Wut aber selten offen. Als Rebecca und ihr Mann am Anfang ihrer Ehe ihre jeweiligen Verhaltensmuster einspielten, waren Durchsetzungsvermögen und bestimmtes Auftreten von Frauen nicht gerade populär. Sobald Rebecca versuchte, ihrem Zorn freien Lauf zu lassen, reagierte ihr Mann mit einer kurzen, heftigen verbalen Attacke und zog sich dann in ein eisiges Schweigen zurück, das Tage oder sogar Wochen anhalten konnte.

Rebecca war kein Dummkopf. Sie lernte, ihre Gefühle für sich zu behalten. Aber die aufgestaute Wut wurde zu schwelendem Groll, der sich in ihren fünfzig Ehejahren in Form von Unfällen, Geschwüren, mangelndem Interesse am Sex und schließlich unheilbarem Krebs zeigte. Rebecca starb in der Überzeugung, daß ihr Mann durch seine Lieblosigkeit ihr Leben ruiniert hatte.

Die Frauenbewegung hat unser Bewußtsein soweit verändert, daß wir jetzt eher wissen, daß es in Ordnung ist, wütend zu sein, und daß es ganz natürlich ist, Wut offen auszusprechen. Wir haben ein Recht auf unsere Wut. Aber damit tragen wir auch die Verantwortung dafür, unsere Wut konstruktiv auszudrücken. Wenn Sie Ihrer Wut auf zerstörerische Weise freien Lauf lassen, werden Sie sich nur schuldig fühlen, und damit produzieren Sie mehr Schutt, anstatt etwas Schutt zu beseitigen. In diesem Fall heißt *konstruktiv* soviel wie »nicht destruktiv«.

Es ist ungesund, Wut herunterzuschlucken. Manche Menschen schaffen es länger, den Deckel zuzuhalten, aber früher oder später explodieren wir alle. Ein gutes Bild dafür ist das des Schnellkochtopfs: Der Druck wird immer höher, dadurch wird das Essen schneller gar, aber wenn Sie vergessen, das Ventil zu öffnen, damit der Dampf kontrolliert entweichen kann – Vorsicht, denn das Essen wird durch den ganzen Raum spritzen!

Wenn Sie zugelassen haben, daß sich so viel Dampf anstaut, daß er nur noch durch eine Explosion entweichen kann, ist es nicht mehr möglich, konstruktiv damit umzugehen. Folglich ist der Trick wieder einmal, ihre Wut *bewußt* wahrzunehmen. Sie ist da, ob Sie sie wollen oder nicht, und sie versucht, Ihnen etwas mitzuteilen. Sprechen Sie *offen* mit einem Menschen über Ihre Gefühle, der Ihnen helfen kann, Klarheit zu gewinnen. Es muß nicht die Person sein, auf die Sie wütend sind. Tatsächlich ist es manchmal völlig verkehrt, mit diesem Menschen zu reden, da Sie in der Hitze des Augenblicks etwas sagen könnten, das nicht wiedergutzumachen ist; oder es könnte die Art Mensch sein, die einfach nicht zuhören kann. Dann akzeptieren Sie, daß Sie ein Recht haben, wütend zu sein, in dem Wissen, daß die Wut da ist, um sie zu leiten. Wenn Sie Ihre Wut konstruktiv ausdrücken, werden Sie weder schwelenden Groll noch Schuldgefühle erfahren müssen.

Die Wut kann zu einem wichtigen Werkzeug werden, wenn Sie lernen, sie richtig auszudrücken. Treten Sie innerlich einen Schritt zurück und fragen Sie sich, was Sie mit Ihrem Zorn erreichen wollen. Wollen Sie eine Beziehung erneuern? Ein Unrecht wiedergutmachen? Eine Situation besser verstehen? Verstanden werden? Sich aus einer Beziehung befreien, die Ihnen schadet?

Es ist nie besonders hilfreich, einen Menschen unter dem Einfluß der eigenen Wut körperlich oder seelisch zu verletzen. Aber es gibt konstruktive Wege, die aufgestaute Wut abzulassen. Wenn Sie vor Wut kochen, ist es gut, die überschüssige, unkontrollierbare Wut loszuwerden, bevor Sie sich auf eine Konfrontation mit dem Menschen, auf den Sie wütend sind, einlassen. Niemand ist sonderlich aufnahmefähig, wenn er die volle Breitseite aus dem feurigen Maul des Drachens abbekommt. Ein wütender Frontalangriff bringt sogar die unerschütterlichsten Menschen dazu, in die Defensive zu gehen.

Ich selbst schlage gern mit einem Tennisschläger auf Betten ein – insbesondere auf das Bett derjenigen, auf die ich wütend bin (natürlich nur, wenn sie nicht drinliegen! und vorzugsweise, wenn sie nicht zu Hause sind). Ich kenne Frauen, die auf die Autobahn fahren und da losbrüllen, oder Bäume mit Eiern bewerfen. Diese Methoden mögen etwas merkwürdig klingen, aber sie funktionieren! (Und es macht Frauen, die ihr Leben lang versucht haben, ein nettes Mädchen zu sein, großen Spaß.) Wut erzeugt Dampf, und es ist nur konstruktiv, ihn kontrolliert abzulassen, bevor jemand sich verbrüht.

Carol macht ihrem Zorn auf folgende Weise Luft: Sie geht in einen Trödelladen, kauft eine Menge altes Geschirr, fährt zur örtlichen Müllkippe und zerdeppert da Teller, Tassen und Untertassen, so fest sie kann. Die Müllkippe ist für die Geschirrzertrümmerungsaktionen bestens geeignet, da Carol sich nicht schuldig fühlen muß, wenn sie alles in Unordnung gebracht hat; und sie muß nachher nicht aufräumen. Sie hat eine Tochter im Teenageralter, die gerne dabei mitmacht. Carol konnte sich und ihrer Tochter erlauben, wütend auf ihren Ex-Mann zu sein, der sie beide verlassen hat, und sie hat es geschafft, ihrem Zorn auf konstruktive Weise Ausdruck zu verleihen. Die Aktion endet gewöhnlich damit, daß Carol und ihre Tochter gemeinsam in Gelächter ausbrechen – ein wunderbar heilsamer Abschluß.

Es gibt Fälle, in denen es nicht gut wäre, Wut offen auszusprechen, jedenfalls nicht den Menschen gegenüber, auf die Sie wütend sind. Das gilt, wenn Sie denken, daß Sie als Verliererin aus der Auseinandersetzung hervorgehen würden; Sie befürchten, daß man Ihnen nicht zuhören würde; Sie damit eine Beziehung unwiderruflich zerstören würden; oder Sie Ihren Job gefährden würden. In diesen Fällen ist es klüger, sich dafür zu entscheiden, nicht mit der betreffenden Person zu sprechen.

Vor Jahren, während meiner Scheidung, als ich mein ganzes Leben noch einmal durchdachte, durchlebte ich eine Phase, in der ich eine ausgesprochen starke Wut auf meine Eltern hatte. Glücklicherweise entschied ich mich, ihnen meine Gefühle nicht mitzuteilen, sondern meiner Wut auf andere Art Luft zu machen. Ich schrieb beispielsweise böse Briefe, die ich *nicht* abschickte, und ich sprach mit anderen Leuten darüber. Warum war das ein Glück? Als mir die Ursache meiner Wut bewußt wurde, stellte ich fest, daß mein Zorn nicht so viel mit meinen Eltern zu tun hatte, wie ich gedacht hatte. Sicher, ich habe in der Kindheit seelische Verletzungen davongetragen – das haben wir alle. Wenn meine Eltern die volle Wucht meines Zorns zu spüren bekommen hätten, hätte ich damit möglicherweise unsere Beziehung für immer zerstört. Sie hatten es nicht verdient, zur Zielscheibe der ganzen Wut und der ganzen Frustration gemacht zu werden, die ich wegen meiner Scheidung und dem, was zur Scheidung geführt hatte, empfand. Aber ich suchte mir verständnisvolle Freundinnen, mit denen ich über meine Wut sprechen konnte. Wenn Wut unterdrückt, verdrängt oder auf destruktive Weise ausgedrückt wird, kann sie uns zum Krüppel machen, wie eine Pistole, die sich gegen den richtet, der sie in der Hand hält. Wenn Zorn aber konstruktiv genutzt wird, kann er uns große Kraft verleihen. Empörung kann uns nur schaden, wenn sie nach innen gerichtet wird.

UNBEWÄLTIGTE TRAUER

> Trauer ist ein Prozeß. Wenn wir sie zulassen, werden wir heilwerden.
>
> *Hospice of the Foothills*

Wir alle empfinden Trauer, egal, wie reich unser Leben ist oder wie glänzend unsere Zukunft. Leben heißt, sich zu wandeln und Verluste hinzunehmen. Der Verlust bringt Trauer mit sich. Es kostet so viel Kraft, unbewältigte Trauer zu unterdrücken, daß uns wenig Energie für andere Dinge bleibt – wie zum Beispiel, wir selbst zu werden und uns von emotionaler Abhängigkeit zu befreien. Wir können andere Verhaltensmuster und neue Einstellungen am besten annehmen, wenn wir nicht durch die Altlast unbewältigter Trauer bedrückt werden. Wenn wir altes Leid mit uns herumtragen, bleiben wir in den eingefahrenen Gleisen und reagieren, anstatt selbstbestimmt zu handeln.

Da niemand von uns dem Trauern entgehen kann, ist es wichtig, daß wir lernen, das auf gesunde Art zu tun. Trauern heißt, in einer Zeit des Verlustes unsere Gefühle zuzulassen und durch sie hindurchzugehen. Das ist ein reinigender Prozeß, der uns zur vollen Genesung führt, und häufig ist unsere Belohnung eine Steigerung unserer Spiritualität und unserer Fähigkeit zum Mitfühlen.

Es kommt zu unbewältigter Trauer, wenn wir uns nicht erlauben, unsere Gefühle wahrzunehmen und sie zu verarbeiten. Oft leugnen wir völlig, überhaupt schmerzliche Gefühle zu empfinden. Also schieben wir sie beiseite. Aber sie verflüchtigen sich nicht einfach; sie zehren an unseren Kräften, nagen an uns und schwächen uns.

Es gibt viele Formen der Trauer. Die Trauer über den Tod und den Verlust eines Menschen ist nur eine von ihnen. Eine andere Art ist die Trauer über Dinge, die wir unserer Ansicht nach hätten tun sollen und nicht getan haben, oder die wir nicht hätten tun sollen. Wenn wir uns mit einer Freundin oder unserem Partner streiten, trauern wir. Wenn sich die Rechnungen türmen und das Geld knapp ist, trauern wir. Diejenigen, die immer »alles schaffen« müssen, trauern darüber, daß sie die Überbeanspruchung zulassen und so das Leben nicht genießen können. Alles, was unbewältigt bleibt und an uns frißt, wird zu emotionalem Schutt, dem Abfall unbewältigter Trauer.

Viele Menschen lassen es zu, daß sich in ihren Herzen, ihrem Geist und ihrer Seele emotionaler Abfall ansammelt. Bald werden die Schutthaufen, die wir unter unseren emotionalen Teppich kehren, so groß, daß wir sie nicht länger ignorieren können. Sie hindern uns daran, uns in unserem inneren Heim frei zu bewegen, und sie trennen uns von den Menschen, an denen uns etwas liegt. Diese Schutthaufen untergraben unsere Freiheit, eine bewußte Entscheidung darüber zu treffen, wer wir sind und wie wir in der Welt sein wollen.

Um heil zu werden und unser authentisches Selbst zu werden, müssen wir den Schmerz der Trauer erkennen lernen und entwirren. Wenn sich der Schmerz der Trauer um Ihr Herz schlingt, versuchen Sie nicht, »sich an den eigenen Haaren herauszuziehen« und es tapfer durchzustehen. Sie werden nur Schutt anhäufen, wenn Sie sich weigern, sich ehrlich und mutig Ihrem Schmerz zu stellen.

Reden Sie. Teilen Sie Ihren Schmerz mit. Weinen Sie. Lesen Sie Bücher über Verlust und Trauer, schließen Sie sich einer Selbsthilfegruppe an, und geben Sie besonders gut acht auf Ihren Körper, der schwächer und anfälliger ist, wenn wir trauern. Nehmen Sie sich Zeit für die Genesung; versuchen Sie nicht, einfach so weiterzumachen wie sonst. Machen Sie sich bewußt, daß Sie von einem emotionalen Lastwagen angefahren wurden oder vielleicht, wenn es ein kleinerer Verlust ist, von einem VW-Käfer. Vielleicht müssen Sie fünf Minuten trauern, vielleicht fünf Wochen oder, mit abnehmender Intensität, fünf Jahre. Aber die Zeit heilt, und, obwohl Sie das während des Trauerns kaum glauben werden, Sie *werden* heil werden, wenn Sie sich erlauben, durch den Schmerz hindurchzugehen.

ISOLATION

Wenn ich anfange, ein besseres und tieferes Verständnis für meine Klienten zu entwickeln, spüre ich eine schweigende Bitte hinter den Worten des Schmerzes, die sie aussprechen: Sieh mich an, hör mich an, halt mich fest. Wir alle brauchen engen Kontakt und die Bestätigung unserer Mitmenschen. Wir sind soziale Wesen, und wenn wir diesen

Kontakt nicht haben, fühlen wir uns isoliert und unausge-
füllt.

Als Therapeutin bekomme ich die verheerenden Auswir-
kungen der Isolation jeden Tag zu sehen. Menschen, die
ihre Probleme keinen mitfühlenden Freunden oder Familien mitteilen konnten, spüren eine chronische Isolation,
die sie wie ein Käfig umschließt und schließlich zu lebens-
bedrohender Verzweiflung wird.

Ein gewisses Maß an Alleinsein ist notwendig. Isolation ist
aber etwas völlig anderes. Wir brauchen das Gefühl, zu den
Gruppen dazuzugehören, mit denen wir leben und arbeiten, uns mit ihnen verbunden zu fühlen und uns mit ihnen
zu identifizieren – nicht in einer Beziehung, die von Abhängigkeit geprägt ist, sondern im Geist gegenseitiger Hilfe.
Kirchengemeinden, Familien, Schulen, Selbsthilfegruppen
und Freunde helfen uns, unser Gefühl der Isoliertheit zu
überwinden.

Viele Menschen fingen schon als Kinder an, sich isoliert zu
fühlen; wenn unsere Eltern uns mißverstanden, kritisierten,
aufzogen oder uns verurteilten, begannen wir uns davor zu
fürchten, uns anderen mitzuteilen. Die Welt kam uns vor
wie ein unsicherer Ort. Wenn unsere Eltern uns nicht sahen,
hörten oder festhielten oder wenn sie uns nur liebten, wenn
wir alles richtig machten, begannen wir zu denken, daß wir
es nicht wert seien, anderen unsere wirklichen Gefühle
mitzuteilen – selbst wenn wir das ohne Gefahr hätten tun
können. Wir wurden zu Erwachsenen, die andere nicht mit
ihren Problemen belasten oder in der Öffentlichkeit keine
schmutzige Wäsche waschen wollen. Aber nun bezahlen wir
einen hohen Preis für unser Schweigen. Isolation ist eine
Form emotionalen Selbstmords.

Die Menschen in den Trauergruppen, die ich leite, sind oft
völlig verblüfft darüber, wieviel besser sie sich fühlen, wenn

sie ihren Schmerz mit anderen teilen und erfahren, daß sie mit ihrem Problem nicht allein dastehen. Ihre Isolation ist durchbrochen, sie gehen Bindungen ein, und die Heilung setzt ein.

Häufig fühlen wir uns in unserer Isolation ausgestoßen und unerwünscht. Wir denken, wir seien anders, wir seien die einzigen, die auf eine bestimmte Weise fühlen. Alle anderen wirken angepaßt und glücklich; nur wir sind die Sonderlinge. Wir schaffen uns eine soziale annehmbare Fassade, hinter der wir unsere wahren Gefühle verbergen. Wir werden zu sozialen Chamäleons und verändern uns, um uns verschiedenen Situationen und Menschen anzupassen. In gewissem Maß tun wir das alle, weil wir Angst haben, zu offenbaren, wie verletzlich wir manchmal sind.

Dr. Pauline Rose Clance zeigt in ihrem Buch *Erfolgreiche Versager. Das Hochstapler-Phänomen* auf, daß kein Mensch ein Selbstbild ohne Makel hat. Sie schreibt: »Sowohl bei einer Forschungstätigkeit wie bei meiner Arbeit als Psychotherapeutin treffe ich ständig auf Männer und Frauen, die allen Grund hätten, sich im Himmel zu fühlen; statt dessen sind sie niedergeschlagen, weil sie in ihren eigenen Augen die Ansprüche niemals erfüllen, die an sie gestellt werden. Sie kommen sich vor wie Betrüger.«

Viele Menschen haben eine überzeugende innere Stimme, die sie flüsternd an ihre Fehler und ihr Versagen erinnert, egal, wie erfolgreich sie sind oder wie sehr sie geliebt werden. Wir können diesen inneren Saboteur umwandeln, wenn wir lernen, uns so zu lieben und zu akzeptieren, *wie wir sind*. Wir müssen den Teil von uns verstehen lernen, der uns aburteilt und so schrecklich angestrengt versucht, vollkommen zu sein. Madame Marie Curie hat einmal gesagt: »Im Leben gibt es nichts, das wir zu fürchten hätten. Wir müssen es nur verstehen.« In unserer Verwirrung fürchten wir, daß unsere Fehler und Schwächen unverzeihlich sind, und so verstecken wir uns hinter einer Maske und gelangen niemals zur Freiheit des Verstehens. Kein Wunder, daß es uns so schwerfällt, wir selbst zu sein!

Es erfordert Mut, aus der Isolation auszubrechen. Wenn Sie seit langem die Gewohnheit haben, sich zu isolieren, lassen Sie sich Zeit, gehen Sie so langsam vor, daß Sie sich immer noch sicher fühlen.

Victoria, die Opfer gewaltsamen Kindesmißbrauchs wurde, schützte sich selbst und andere 12 Jahre vor ihrem schrecklichen Geheimnis. Selbst heute kann sie nur mit einem Gefühl der Sicherheit über ihre traumatischen Erfahrungen sprechen, wenn sie die Beine bis zum Kinn hochzieht. Ihr körperlicher Rückzug spiegelt ihren emotionalen Rückzug wider. Wenn sie sich jetzt dieses Gefühl der Sicherheit gibt, wird ein Tag kommen, an dem sie auch in einer entspannteren Haltung darüber reden kann.

Wir sollten behutsam und freundlich mit uns selbst umgehen, wenn wir das Risiko eingehen, uns zu ändern; sonst verstärken wir lediglich unsere Überzeugung, daß die Welt kein sicherer Ort ist und daß wir daher besser nicht das Wagnis eingehen sollten, der Mensch zu sein, der wir wirklich sind. Denken Sie darüber nach, welche Gründe Sie haben, sich zu isolieren. Was beschützen Sie? Wovor fürchten Sie sich? Suchen Sie nach Menschen, bei denen Sie Ihre Maske abnehmen können – Menschen, die bereit sind, Sie zu sehen, Sie anzuhören und festzuhalten. Aber vermeiden Sie um jeden Preis, Ihre (emotionalen) Perlen vor die Säue zu werfen. Säue sind Menschen, die Sachen sagen wie: »So solltest du nicht denken« oder: »Das ist doch albern – warum hast du nicht einfach –?« Säue lassen Sie wünschen, daß Sie den Mund gehalten hätten. Seien Sie scharfsichtig, wenn es darum geht, bei welchen Menschen Sie Ihre schützende

Maske abnehmen. Sie brauchen – und verdienen – Einfühl-samkeit und freundliches Verständnis.

Denken Sie daran, daß Sie ein inneres Kind mit sich tragen, das überzeugt ist, daß es nur sicher leben kann, wenn es sich isoliert. Warum ist dieses kleine Mädchen so verängstigt? Kann sie darauf zählen, daß Sie sie beschützen? Seien Sie Ihrem inneren Kind eine liebende Mutter.

Wenn wir unsere innere Isolation überwinden, können wir auch leichter damit aufhören, jedermanns auserkorener Fußabtreter und Verantwortungsschwamm zu sein.

Gehen Sie auch liebevoll und ehrlich mit sich selbst um. Niemand ist vollkommen! Wir alle haben unser Päckchen zu tragen mit sich windenden, inneren Würmern (und sogar Boa Constrictors). Wenn wir uns anderen gegenüber verwundbar zeigen können, ehrlich und behutsam, können wir uns leichter von unseren Ängsten und kleinen Schwä-chen befreien. Je freier wir von Angst sind, desto emotional unabhängiger werden wir. Es war eine beängstigende Erfah-rung für mich, dieses Buch zu schreiben. Es dauerte Monate, bis ich es irgend jemanden lesen ließ. Als ich die ersten Kapitel an meine Lektorin schickte, fühlte sich mein Magen an, als wäre er ebenfalls in den Briefkasten gezwängt wor-den. Aber das Schreiben hat sich als heilsames Ventil für Ängste und Einschränkungen erwiesen, mit denen ich seit Jahren zu kämpfen hatte. Tun Sie sich selbst einen Gefallen, der Sie verwandeln wird: Finden Sie ein kreatives Ventil für Ihren Schmerz. Mit die beste Art, Altlasten abzutragen und aus der Isolation auszubrechen, ist, sich einem anderen Menschen zuzuwenden, in Ehrlichkeit, voller Liebe und Dienstbereitschaft – nicht weil wir das »sollten« oder als bitteres Opfer, sondern als Einladung zu einer liebevollen Bindung, die uns selbst und anderen Auftrieb geben und Mut machen wird.

TEIL DREI

HEIL WERDEN:
DIE EIGENEN
FÄHIGKEITEN
UND STÄRKEN
ERKENNEN

KAPITEL ZEHN

DIE ANGST
ÜBERWINDEN: DIE
DRACHEN VERWANDELN

> Unsere Stärke besteht oft aus genau den Schwächen, die wir ums Verrecken nicht eingestehen wollen.
>
> *Mignon McLaughlin*

Jetzt, wo wir untersucht haben, wie und warum wir Frauen uns in der Falle der emotionalen Abhängigkeit verfangen, wollen wir sehen, wie wir unsere Angst und die Verhaltensmuster, die uns einschränken, überwinden können. Wir wollen unseren inneren Drachen verwandeln und uns zugestehen, daß wir wertvolle Menschen sind und zahlreiche Fähigkeiten und Stärken besitzen. Wenn wir uns allmählich in die Lage versetzen, uns selbst und den Prozeß unseres Wachstums zu respektieren, kommen wir einer gesunden Unabhängigkeit immer näher.

Wie ermutigen Eltern ein kleines Mädchen, das gerade anfängt, laufen zu lernen? Sie halten ihre Hand, sorgen für ein sicheres Umfeld und beglückwünschen sie zu jedem neuen Erfolg.

So ähnlich müssen Sie vorgehen, während Sie die Angst überwinden. Machen Sie sich klar, daß Sie dabei das Tempo eines Neulings einschlagen müssen. Machen Sie kleine Schritte, wie ein Kleinkind. Seien Sie stolz auf jeden schwankenden, zögernden Schritt. Seien Sie sich selbst eine freundliche und ermutigende Mutter. Gratulieren Sie sich zu Ihren Erfolgen, und trösten Sie sich nach Fehlschlägen.

Selbsthaß hat noch nie etwas genutzt. Wie oft haben Sie schon zu sich gesagt: »Ich hasse mich. Ich habe solche Angst vor Ablehnung«, oder: »Ich hasse mich. Schon wieder zuviel gegessen«. Hat der Selbsthaß Ihre Angst vor Ablehnung je verringert oder Sie auch nur einen einzigen Millimeter abnehmen lassen? Nehmen Sie sich eine Sekunde Zeit und lesen Sie die beiden Sätze noch einmal. Spüren Sie, wo die Betonung liegt? »Ich hasse mich. Ich habe solche Angst vor Ablehnung« heißt: Ich habe Angst vor Ablehnung – ich bestätige es mir selbst, und ich lehne es ab.

Wenn wir uns selbst hassen, wird der Anlaß unseres Selbsthasses nur immer tiefer in unserem Bewußtsein verankert. Warum versuchen Sie nicht mal ein kleines Experiment: Wenn Sie beim nächsten Mal versucht sind, sich selbst zu hassen, weil Sie vor dem Zubettgehen zuviel gegessen haben oder weil Sie sich von jemandem haben dominieren lassen, versuchen Sie die Kur von Liebe und Selbstannahme. Wer verlangt von Ihnen, daß Sie sich selbst hassen? Niemand! Sprechen Sie voller Liebe mit sich, und nehmen Sie sich selbst an. Seien Sie auf Ihrer eigenen Seite. Sicher, es hätte besser laufen können, aber was Sie jetzt brauchen, ist ein guter Freund – Sie selbst –, der mit Ihnen lacht und Sie ermutigt.

Reden Sie mit sich selbst. Das ist überhaupt nicht verrückt – wir tun es sowieso ständig. Aber tun Sie es freundlich! Würden Ihre Haustiere sich nicht zusammenducken und wimmern, wenn Sie so mit ihnen sprächen, wie Sie mit sich selbst reden? Bauen Sie eine innere Atmosphäre von Liebe und Angenommensein auf, damit Sie den Mut bekommen, sich Ihrer Ängste und Gefühle bewußt zu werden.

Ein interessanter Artikel, der vor Jahren in *Psychology Today* erschien, berichtete, daß Sportpsychologen Spitzensportler mit Sportlern verglichen hatten, die immer zweitrangig geblieben waren. Der Unterschied, so die Psychologen, war, daß die Weltklasse-Sportler fähig waren, sich augenblicklich zu vergeben und weiterzumachen, wenn sie einen Fehler gemacht hatten, während die zweitrangigen Sportler sich jedesmal selbst beschimpften und unter Druck setzten. Diese Forschungsergebnisse bestätigen, daß die Fähigkeit, sich selbst zu vergeben, mit Erfolg belohnt wird, während es zu Fehlschlägen führt, sich schuldig zu fühlen und auf sich selbst einzuschlagen.

Negatives läßt sich nicht durch Negatives heilen. Ein kluger Mensch hat einmal gesagt: »Du wirst die Dunkelheit nicht loswerden, wenn du mit einem Stock auf sie einprügelst. Du mußt das Licht anmachen.«

SCHRITTE, DIE ZUR VERÄNDERUNG FÜHREN

Machen Sie sich die Drachen und Ängste *bewußt*, die Sie in sich haben. Wenn Sie Ihre Gefühle verstehen und sie einfach da sein lassen, ohne über sie zu urteilen, werden die Gefühle in Bewegung bleiben, heil werden und sich verändern. Wenn Sie sich ängstlich gegen Ihre Gefühle sträuben und sie schlecht/falsch/häßlich nennen, bleiben sie, wo sie sind und wachsen. *Gestehen* Sie sich Ihre Gefühle *ein*. Sie brauchen nicht zu tun, was Ihre Gefühle Ihnen vorschlagen; nehmen Sie sie einfach wahr. Lassen Sie Ihre Drachen ans Licht kommen – laden Sie einen Drachen zum Essen ein. Dann *akzeptieren* Sie Ihre Gefühle. Gefühle sind weder gut noch böse; sie *sind* einfach. Ein freundliches Klima von Liebe und Selbstannahme fördert Heilung und Wachstum.

Veränderung bedeutet bewußtes Handeln; alte Gewohnheiten sind Reaktionen. Wenn wir uns ändern und verwandeln wollen, müssen wir uns bewußt für neue Handlungsweisen entscheiden. All die unbewußten Verhaltensmuster, über die wir gesprochen haben, sind tief in uns verwurzelte, passive, feststehende Reaktionen auf Menschen und bestimmte Umstände, die sich jeder Veränderung widersetzen. Die einzige Möglichkeit, sich von ihnen zu befreien, besteht darin, die alten durch neu entwickelte Verhaltensmuster zu ersetzen. Wir müssen *agieren*, nicht *reagieren*. Wenn wir lernen, aus dem Kreis der Reaktion auszubrechen, können wir eher lernen, so zu sein, wie wir wirklich sind.

Wie schon öfter erwähnt, sind die Schritte, die ich oben kurz zusammengefaßt habe, die grundlegenden Werkzeuge jeder Veränderung. Jetzt möchte ich Ihnen Schritte der Selbst-Veränderung zeigen, die noch etwas weitergehen.

VERSTEHEN, INNEHALTEN, ENTSCHEIDEN

Schritt 1: Bewußtwerden, Eingestehen und Annehmen

Nehmen Sie alte Verhaltensmuster, Reaktionen oder Ängste wahr.

Schritt 2: Innehalten

Bevor Sie etwas tun, treten Sie einen Schritt zurück. Machen Sie eine Pause, damit Sie deutlicher sehen können. Sie können nicht viel erkennen, wenn Sie Ihre Nase dicht an das pressen, was Sie sich ansehen wollen. Stellen Sie fest, was

Sie fühlen; und dann überlegen Sie sich, welche Handlungsmöglichkeiten Ihnen offenstehen: Erinnern Sie sich, wie Sie normalerweise reagiert hätten. Ist diese Reaktion noch angemessen, oder würden Sie lieber anders handeln, würden Sie sich lieber für eine bewußte, kreative und heilsame Handlungsweise entscheiden?

Schritt 3: Entscheiden

Das ist der entscheidende Schritt! Dadurch, daß Sie innegehalten haben, haben Sie Ihren inneren Autopiloten abgeschaltet, so daß Sie sich jetzt frei für ein anderes Verhalten entscheiden können. Wie würden Sie gerne handeln? Wenn die alte automatische Reaktion nichts einbringt, beschließen Sie, anders zu handeln. Sie müssen nicht an alten Verhaltensmustern festhalten. Sie sitzen jetzt am Steuer Ihres Lebens.

Auch wenn Sie nur ein einziges Wort aus diesem Buch mitnehmen und es sich im Alltag zu eigen machen, hoffe ich, daß es das Wort *entscheiden* ist. Wenn Sie es schaffen, sich zu *entscheiden*, anders zu handeln, werden Sie das ungeheuer befreiend finden, selbst wenn Ihre Gefühle sich nicht verändert haben!

Einmal, als mein Mann und ich eine Auseinandersetzung hatten und ich das Gefühl hatte, verurteilt und abgelehnt zu werden, erkannte ich ein altes Reaktionsmuster wieder, einen dreiteiligen Tanz, den ich immer dann aufführte, wenn ich mich bedroht fühlte. In der ersten Phase fühlte ich mich schuldig und im Unrecht, weil ich meinen Mann unglücklich *gemacht* hatte. Also war ich freundlich, nett und versöhnlich, um ihn in bessere Laune zu versetzen. Wenn das nicht klappte, wurde ich zur hauseigenen Therapeutin und erklärte ihm (oh, so ruhig), wo er im Irrtum war, wobei ich ruhig und vernünftig die verschiedenen psychologischen Ursachen des Mißverständnisses erläuterte. Das funktioniert *nie.* Niemand, insbesondere der Partner nicht, wird besonders gern über die Gründe seines irrationalen Verhaltens »aufgeklärt«, wenn er gerade verletzt, wütend oder frustriert ist.

Wenn beide Taktiken nicht den gewünschten Erfolg hatten, war ich frustriert, einsam und entmutigt. Ich zog mich voll von selbstgerechtem Zorn zurück und schleppte mich in einer Wolke von Groll und Enttäuschung dahin. Ganz eindeutig war das seine Schuld. Warum konnte er nicht anders sein? Ich war in die Opferrolle zurückgefallen.

Bei dieser besagten Auseinandersetzung *hielt ich inne,* bevor das vertraute Reaktionsmuster voll in Gang kommen konnte, und stellte mir ein paar wichtige Fragen:

1. *Haben diese Reaktionen je Erfolg gehabt?*
2. *Fühle ich mich besser, wenn ich so reagiere?*
3. *Verbessert es unsere Beziehung, wenn ich die alten, vertrauten Reaktionsmuster durchziehe?*

Die Antwort war jedesmal ein deutliches »Nein!« Also lag es nahe, noch eine Frage zu stellen:

4. *Will ich an diesem Reaktionsmuster festhalten?*

Nachdem ich innegehalten und meine Gefühle mit einigem Abstand betrachtet hatte, konnte ich *entscheiden,* was ich tun wollte.

Ich beschloß, mich aus dem Geschehen zurückzuziehen – nicht im Zorn und voller Groll und auch nicht mit dem Gefühl, abgelehnt zu werden. Ich zog mich zurück, damit mein Mann die Verantwortung für seine eigenen Gefühle übernehmen konnte.

Ich schloß mich mit meinem Kassettenrecorder ein und arbeitete an diesem Buch. Ich änderte mich selbst, anstatt zu versuchen, meinen Mann dazu zu bringen, sich zu ändern. Ich schlüpfte aus der Opferrolle, aus der Rolle übertriebenen Pflichtbewußtseins und der Ich-muß-im-Unrecht-sein-Rolle der emotional Abhängigen, und kümmerte mich stattdessen um mein eigenes Wohlbefinden.

Vom Hals aufwärts war ich hocherfreut über meine Verhaltensänderung, aber mein Körper verhielt sich so wie immer. Mein Magen verkrampfte sich, und eine riesige Klaue packte mich an der Kehle. Mein Körper fühlte sich schuldig, zurückgewiesen, ängstlich und einsam. Ich sprach mit meinem Körper und meinem verängstigten inneren Kind. Ich versprach ihnen, mich um sie zu kümmern. Ich versuchte, mich zu entspannen, und hörte nicht auf, mir zu versichern, daß ich in Sicherheit sei und den Schutz der alten Gefühle nicht mehr brauche. Ganz langsam fing mein Körper an, die Botschaft zu verstehen. Nach ein paar Stunden durchdrang die Hochstimmung meinen ganzen Körper, und ich fühlte mich großartig!

Ich war mir selbst treu geblieben, hatte eigenverantwortlich gehandelt und einen alten Drachen in eine neue und bessere Art des Umgangs mit meinem Mann verwandelt. Es war eine sehr befreiende Erfahrung! Auch für ihn war es heilsam, da mein altes Reaktionsmuster immer dazu geführt hatte, daß ich ihm gegenüber Ärger und Feindschaft empfand. Mein neues Verhaltensmuster befreite uns beide davon, damit fertig werden zu müssen.

Wir müssen unsere privaten Angstdrachen aus ihren dunklen Höhlen locken. Wenn wir den Mut dazu aufbringen, sind wir auf dem richtigen Weg, und unsere emotionale Freiheit wird immer größer werden. Wenn wir unsere Drachen ans Licht des Bewußtseins holen und sowohl unsere

Bereitschaft als auch unsere Fähigkeit zunimmt, uns unseren inneren Ängsten zu stellen und sie zu bewältigen, werden wir alte Drachen durch neue Verhaltensmuster ersetzen können. Dann werden wir die wunderbare Erfahrung einer neuen inneren Freiheit machen.

KAPITEL ELF

DIE MACHT
DER GEDANKEN

Es ist eine Tatsache, daß wir uns immer etwas
versichern, sei es zum Guten oder zum Bösen.
Immer sagen wir entweder »Ich kann« oder »Ich
kann nicht«. Was wir tun müssen, ist, das Negative
ausklammern und das Positive betonen. Wenn wir
das tun, werden wir allmählich die Gewohnheit
des affirmativen Denkens erlernen.

Ernest Holmes

Viele Jahrhunderte hindurch haben weise Menschen von
der ungeheuren Macht des menschlichen Gedankens
gesprochen:

Marcus Aurelius:
»Unser Leben ist, zu was unsere Gedanken es machen.«

Salomo:
»Wie ein Mensch denkt, so ist er.«

Buddha:
»Alles, was wir sind, ist ein Ergebnis unserer Gedanken.«

William James:
»Glaube schafft Wirklichkeit.«

Ralph Waldo Emerson:
*»Was ein Mensch von sich hält, bestimmt sein Schicksal, oder vielmehr, es
weist auf sein Schicksal hin.«*

Henry Ford:
*»Ob du denkst, daß du es schaffst, oder ob du denkst, daß du es nicht
schaffst: Du wirst recht behalten.«*

UNSERE GEDANKEN
BESTIMMEN UNSERE GEFÜHLE

Die letzte der menschlichen Freiheiten ist die, sich
auszusuchen, wie man den gegebenen Umständen begegnen will.

Victor Frankl

Normalerweise laufen mehrere Gedankengänge gleichzeitig in unserem Kopf ab. Manche sind näher an der Oberfläche des Bewußtseins als andere. Aber wir reden pausenlos
mit uns selbst. Das wird »innerer Dialog« genannt.
Hören Sie sich mal zu, wenn Sie in der Abgeschiedenheit
Ihres eigenen Kopfes mit sich selbst reden. Wenn Sie ge-
wohnheitsmäßig Optimistisches, Liebevolles und Aufbauen-
des zu sich selbst sagen, sind Sie sicherlich ein glücklicher
und energiegeladener Mensch. Wenn Sie sich in Gedanken
Selbstvorwürfe machen, Widerstand empfinden oder negativ sind, ist es unvermeidlich, daß Sie sich unglücklich und
deprimiert fühlen. Unser Denken bestimmt unsere Gefühle. Ein negativer, ängstlicher innerer Dialog untergräbt unser Selbstwertgefühl, führt zu schmerzlichen Gefühlen und
macht emotionale Unabhängigkeit fast unerreichbar. Sich
Sorgen über die Zukunft zu machen, ist der schnellste Weg,
ängstlich zu werden. Ich nenne das »ins Zukunftsloch fallen«. Derartige Gedanken fangen oft so an: »Was wäre,
wenn …«; »Ich könnte nie …«; »Ich habe Angst, daß …«
Wenn wir unsere Gedanken nicht disziplinieren, lassen sie
sich leicht vom Hier und Jetzt ablenken, und wir überlegen
uns, wie die Zukunft aussehen wird. Wir müssen für die
Zukunft planen, aber wir dürfen uns nicht sorgen. Wenn wir
vorausplanen, gibt uns das ein Gefühl von Sicherheit; wenn
wir uns Sorgen machen, leiden wir. Vorausplanung gibt uns
Kraft; die Sorge betont unsere Hilflosigkeit.

Überprüfen Sie Ihren inneren Dialog: Wie sprechen Sie mit sich selbst? Freundlich und ermutigend? Würden Sie mit einer guten Freundin auch so reden? Wie beeinflussen Ihre Gedanken Ihre Gefühle? Positiv oder negativ? Nicht die äußeren Umstände bestimmen unsere Gefühle, sondern das, was wir *denken*.

Carrie war seit langem in ihrer Ehe unglücklich gewesen. Oft sagte sie: »Ich wünschte, Bill würde einfach gehen!« Schließlich ging Bill, und Carrie brach zusammen. In ihrer Angst und ihrer Trauer über das Alleinsein vergaß sie, wie unglücklich sie mit Bill gewesen war. Sie konzentrierte sich ganz darauf, wie schlecht es ihr ging, weil er sie verlassen hatte. Sie konnte nicht damit fertigwerden, und sie gab sich die ganze Schuld an dem, was geschehen war. Ihr ganz natürlicher Schmerz wurde durch ihren inneren Dialog verstärkt. Etwas, das Carrie selbst herbeigewünscht hatte, war jetzt unerträglich, und zwar nur weil sie es sich selbst einredete. Ihr Widerstand verstärkte ihr Leid derartig, daß sie zu trinken begann, um ihren Gefühlen zu entgehen. Carrie hätte ihr Leid schneller überwinden können, wenn sie ihren quälenden inneren Dialog bewußt wahrgenommen und sich entschieden hätte, ihn durch aufbauende positive Affirmationen zu ersetzen. Beispielsweise hätte sie jedesmal, wenn sie sich dabei ertappte, die alte, qualvolle Litanei zu wiederholen, zu sich sagen können: »Ich bin stark, und ich kann damit fertigwerden!«

Sie allein tragen die Verantwortung für Ihre Gefühle und die Gedanken, die die Gefühle haben entstehen lassen. Wenn Sie Ihre Gefühle ändern wollen, nehmen Sie die Verantwortung auf sich, Ihre *Gedanken* zu ändern (Das heißt nicht, daß Sie sich Vorwürfe machen sollten!). Wenn Sie sich dafür entscheiden, anders zu denken, sind Sie nicht länger ein Opfer. Wenn Ihre Gedanken und Gefühle positiver, aufbauender und lebensbejahender geworden sind, werden Sie das Leben freier erfahren können. Es wird Sie zur Selbstverwirklichung ermutigen.

DER GLAUBE BESTIMMT DAS SEIN

> Die entfesselte Macht des Atoms hat alles verän-
> dert außer unsere Art zu denken, und so steuern
> wir auf noch nie dagewesene Katastrophen zu.
> *Albert Einstein*

Stellen Sie sich vor, Ihr Geist wäre ein Garten. Was für Gedanken würden Sie dort pflanzen? Negative, ungesunde, selbstkritische Gedanken sind wie Unkraut. Wenn Sie positive, gesunde, aufbauende Gedanken pflanzen, können Sie herrliche Blumen ernten. Folglich bestimmen Sie allein, ob Ihr Leben aussieht wie ein überwuchertes Unkrautbeet oder wie ein gepflegter, üppig schöner Blumengarten.

Wenn Sie Ihren Gedanken lange Zeit erlaubt haben, einfach so dahinzutreiben (so wie die meisten Leute), werden Sie allmählich darauf hinarbeiten müssen, gesunde Gedanken denken zu können. Es ist hilfreich, sich negative Gedanken wie störende, nervige Radiomusik vorzustellen; Sie haben die Macht, auf einen Sender umzuschalten, dessen Musik Sie als angenehm und wohltuend empfinden. Ganz genauso können Sie es bei negativen Gedanken machen! Hören Sie sich erst einmal an, was Sie denken, ohne es zu verurteilen. Wenn Ihr Denken gesunde Einstellungen und positive Ge-fühle nicht fördert, stellen Sie einen anderen Sender ein.

Es ist einfach, seine Gedanken zu ändern, aber es ist nicht leicht, eine Gewohnheit aufzugeben. Und ungesundes Den-ken ist eine der hartnäckigsten Gewohnheiten, die es gibt, eine Gewohnheit, die sich vielleicht seit frühester Kindheit eingefahren hat. Aber wir müssen Vertrauen haben: Wir können mit viel Geduld rückgängig machen, was wir aufgebaut haben. Es wird Übung und Ausdauer erfordern, aber glauben Sie mir, es ist es wert! Wir beschließen ganz einfach, unser Denken zu ändern, und dann erstellen wir einen Aktionsplan. Hier ist ein Beispiel aus meinem Leben:

Als ich anfing, dieses Buch zu schreiben, wurde mir bald sehr klar, daß ich damit meine Versagensängste herausgefordert hatte. In der Schule hatte ich immer große Angst davor gehabt, Aufsätze und Essays zu schreiben, und der Gedanke, ein *Buch* schreiben zu sollen, versetzte mich in Panik. Als ich mich zum ersten Mal mit meiner Agentin treffen sollte, nahm ich morgens Haarspray anstatt Deodorant, und ich konnte mein Auto nicht wiederfinden, obwohl ich seit zwei Jahren auf dem gleichen Parkplatz parke. Ich war völlig fertig, und das war kein Wunder. Damals waren meine vorherrschenden Gedanken: Was um alles in der Welt hast du getan! Du kannst doch nicht schreiben! Du hattest immer eine Vier in Englisch (hatte ich nicht, aber ich fühlte mich so). Du mußt verrückt geworden sein! *Du* hast doch nichts zu sagen!

Mein Kopf steckte voller extrem ungesunder Gedanken, war zu meinem Feind geworden. Ich war ängstlich und desorientiert. Dann beschloß ich jedoch, meinen inneren Dialog zu ändern. Versuchsweise versicherte ich mir, daß ich sehr wohl etwas zu sagen hätte. Schließlich hatte ich jahrelang als Therapeutin gearbeitet und mit den Ideen und Methoden, über die ich schreiben wollte, sehr viel erreicht. Ich begann, mich nicht mehr ganz so ängstlich zu fühlen … jedenfalls dachte ich das.

Als ich zu meinem ersten fest geplanten Schreibmarathon in meinem Büro ankam, hatte ich meine Akten, meine Notizen, den Kassettenrecorder und ein paar sehr wichtige

Kassetten verloren. All das – mein Buch! – war über die ganze Straße verstreut, da ich die Sachen auf dem Autodach gelassen hatte, als ich losfuhr.

Warum sabotierte ich mich selbst? Mir wurde bewußt, daß ich fürchtete, ich würde blöd dastehen und eine Menge Zeit vergeudet haben, wenn ich versagte. Falls ich Erfolg hatte, könnten die Leute neidisch werden, und ich konnte mich noch gut an die Probleme erinnern, die es in der Schule und in meiner Familie damit gegeben hatte. Konnte eine »durchschnittliche« Frau wie ich überhaupt etwas so »außergewöhnliches« tun, wie ein Buch zu schreiben?

> Mir ist erst vor kurzem klargeworden, daß nach allgemeiner Ansicht Frauen das schwächere Geschlecht sein sollen.
>
> *Katherine Hepburn*

Im Gegensatz zu Miss Hepburn hatte ich bemerkt, daß von uns erwartet wurde, schwächer (und geringer) zu sein! Das Schreiben des Buches drängte mich aus dem Bereich heraus, in dem ich mich sicher fühlte; nach dem Überschreiten der Grenze würde ich meine Aufgaben nicht erfüllen können, wenn ich mich weiter minderwertig fühlte. Ich würde etwas riskieren müssen.

Ich fing an, mein Projekt etwas leichter zu nehmen. Irgend jemand hat mal gesagt: »Engel fliegen, weil sie sich selbst leicht nehmen.« Ich hatte das Schreiben so ernst genommen, daß ich kaum laufen konnte, geschweige denn fliegen. Ich beschloß, das Risiko einzugehen. Ich entschied mich, am Schreiben Spaß zu haben und es zu genießen, Autorin zu sein. Nachdem ich mich entschlossen hatte, anders zu denken, begann ich, ein paar sorgsam ausgewählte positive Affirmationen in Kraft zu setzen.

Die wenigen Auserwählten, die die Kunst der Meditation gemeistert haben, können ihren Geist leeren; wir anderen können nicht aufhören, zu denken, und ein Großteil unserer Gedanken ist nicht gerade dazu angetan, das Glücklichsein zu fördern. Wenn wir uns daher bei negativen Gedanken erwischen, müssen wir uns überlegen, durch welche Gedanken wir unseren ungesunden inneren Dialog ersetzen wollen.

Vermeiden Sie den Fehler, sich für negative Gedanken zu bestrafen. Wenn Sie sich bei besonders negativen Gedanken ertappen und sich anklagen: »Schon wieder! Wie schrecklich! Kein Wunder, daß ich mich so mies fühle! Warum schaffe ich es nur nicht, damit aufzuhören?« haben Sie Ihren negativen, selbstkritischen Gedanken lediglich eine neue Richtung gegeben. Zeichnen Sie sich statt dessen mit einem goldenen Stern aus, weil Sie Ihren inneren Dialog so wachsam überprüft haben.

Ich achte sorgfältig auf meinen inneren Dialog. Kürzlich habe ich mit einer selbstmordgefährdeten Patientin gearbeitet. Nach der Sitzung bemerkte ich, daß ich mich deprimiert fühlte und am liebsten in Tränen ausgebrochen wäre. Ich hörte meinem inneren Dialog zu. Ich hatte zu mir gesagt: »Ich muß sie retten! Wenn sie stirbt, bin ich verantwortlich dafür. Ich könnte es nicht ertragen, wenn sie nicht wieder gesund würde!« Kein Wunder, daß ich mich so schlecht fühlte. Ich prüfte, was an diesen Gedanken dran war, die mich so schwächten, und begann sie durch andere zu ersetzen: »Sie ist ein Kind Gottes, sicher im Universum; ich bin eine gute Therapeutin; ich liebe mich, und ich liebe sie.« Ich stellte sie mir froh und glücklich vor. Ich begann mich besser zu fühlen. Ich war immer noch traurig, aber schließlich war es eine traurige Situation. Aber ich änderte Gedanken, die mir wehtaten, und fing an, das Gefühl von Versagen und Angst loszulassen, das mich bei der Therapie nur behindert hätte. Affirmationen sind Blumensamen, die wir in unser Unterbewußtsein pflanzen. Ihre Wirkung ist gewaltig, und sie können uns dabei helfen, uns ein glückliches, authentisches und angstfreies Leben aufzubauen. Bewußte Affirmationen sind ein wirksames Mittel, mit dem wir negative Gedanken, unterschwellige Überzeugungen und unbewußte Einstellungen neu programmieren können.

Die wahrscheinlich wichtigste Affirmation lautet: »Ich liebe mich selbst«. Wenn Sie das nicht einfach so sagen können, versuchen Sie es mit: »Ich bin bereit, mich selbst zu lieben«, oder: »Ich bin bereit, bereit zu sein, mich selbst zu lieben«. Sobald Sie sich negativer Gedanken bewußt werden, ersetzen Sie sie durch eine der folgenden Affirmationen oder durch eigene Affirmationen, die Sie auf Ihre eigenen Bedürfnisse zugeschnitten haben.

POSITIVE AFFIRMATIONEN

1. *Ich liebe mich selbst.*
2. *Ich bin mir selbst und anderen eine gute Freundin.*
3. *Ich bin ein kreativer und wertvoller Mensch, auch wenn ich Fehler mache.*
4. *Ich kenne meine Grenzen und inneren Schranken und halte bestimmt und liebevoll an ihnen fest.*
5. *Ich habe jetzt die Zeit, die Energie, die Klugheit und das Geld, um all das zu erreichen, was ich anstrebe.*
6. *Ich bin stark in meinem Leben.*
7. *Ich bin jetzt bereit, mein Idealgewicht zu erlangen und gut auszusehen.*

8. Ich bin ein wertvoller und wichtiger Mensch, und ich verdiene es, geliebt und respektiert zu werden.

9. Meine Beziehungen befriedigen mich und geben mir Kraft.

10. Meine Arbeit ist kreativ, und ich werde am Arbeitsplatz geschätzt.

Ihre eigenen Affirmationen: Blumensamen-Sätze

Die Affirmationen müssen im Präsens stehen, um wirkungsvoll zu sein. Schreiben Sie die Affirmationen, als wären sie *jetzt und heute* wahr:

1. _____

2. _____

3. _____

4. _____

5. _____

Wir werden nicht nur, was wir denken zu sein; wir werden, was wir uns bildlich vorstellen und was wir fühlen. Stellen Sie sich die Realität hinter Ihren Affirmationen so klar und so detailliert wie möglich vor, während Sie sie wiederholen. Wenn Sie sich bestätigen, daß Sie ein wertvoller Mensch sind, schließen Sie die Augen und sehen oder spüren Sie ein Bild von sich selbst, wie Sie von anderen gelobt werden; oder sehen Sie in den Spiegel und sagen Sie sich von Auge zu Auge, was für ein wertvoller Mensch Sie sind. Wenn Sie einen anerkennenden Brief oder eine anerkennende Karte bekommen, tragen Sie den Brief oder die Karte mit sich herum, und sehen Sie sie sich oft an.

Erwarten Sie keine schnellen Resultate. Sie sind dabei, Ihr Unterbewußtsein umzuprogrammieren – den kompliziertesten Computer, den es auf dieser Welt gibt. Es wird einige Zeit dauern, bis Ihre Gefühle sich Ihren neuen Gedanken anpassen. Aber Sie sollten wissen, daß Sie auf einer unbewußten Ebene wirklich an sich arbeiten, selbst wenn Sie jetzt nicht das Gefühl haben, daß die Affirmationen wahr sind. Menschen, die ihre Affirmationen gewissenhaft und beharrlich angewandt haben, haben das wieder und wieder bestätigt – unter anderem Spitzensportler und erfolgreiche Geschäftsleute.

Stellen Sie sich den Prozeß der Umprogrammierung Ihres inneren Dialogs so ähnlich vor wie das Gewöhnen eines jungen Hundes an die Leine. Am Anfang preßt er seine Pfoten fest in den Boden, senkt den Kopf und weigert sich, sich von der Stelle zu rühren. Wenn er sich daran gewöhnt hat, an der Leine zu gehen, schießt er eifrig vor und genießt den Spaziergang. Mit unseren Gefühlen passiert etwas Vergleichbares: Wenn unser innerer Dialog erst einmal gesund und voller Selbstliebe ist, werden unsere Gefühle voranschießen, freier und glücklicher.

Es kann sein, daß Sie eine hinterhältige innere Stimme hören werden, die Sie und Ihre Bemühungen höhnisch auslacht und ausschließt, daß diese alberne Übung jemals Erfolg haben könnte. Die Stimme wird sagen, daß Sie zwangsläufig scheitern werden. Sie wird versuchen, Sie dazu zu bringen, sich hoffnungslos und hilflos zu fühlen. Sie wird abstreiten, daß Sie ein Recht haben, glücklich zu sein. Sie wird sagen, daß diese Affirmationen so einfach sind, daß sie gar nicht effektiv sein können.

Die folgende Übung ist eine gute Möglichkeit, den inneren Zweifler zu bannen, der hinter Ihrer Schulter steht und sagt: »Ach ja!? Wollen wir wetten!? Nie im Leben!«

Nehmen Sie ein leeres Blatt Papier und schreiben Sie Ihre Affirmation sorgfältig und *in Druckschrift* in die linke Spalte;

dann schreiben Sie ganz schnell in die rechte Spalte die negative Reaktion des Zweiflers. Schreiben Sie immer wieder dieselbe Affirmation in Druckschrift in die linke Spalte, und schmieren Sie schnell alle negativen Kommentare in die rechte Spalte, solange, bis Sie den Zweifler erschöpft haben. Jetzt sind Sie bereit, Ihre Affirmation zu sagen, ungehindert von Ihrem inneren Saboteur.

Bannen des inneren Saboteurs	
Affirmation (sorgsam in Druckschrift schreiben)	Negative Reaktionen (schnell hinschreiben)
1. Ich liebe mich selbst	Das soll wohl ein Witz sein.
2. Ich liebe mich selbst.	Warum? Niemand liebt dich!
3. Ich liebe mich selbst.	Du hast es nicht verdient, geliebt zu werden!
4. Ich liebe mich selbst.	Du machst alles falsch.
5. Ich liebe mich selbst.	Du bist nicht spirituell genug.
6. Ich liebe mich selbst.	Vielleicht ein bißchen, manchmal.
7. Ich liebe mich selbst.	Aber du hast 10 Kilo Übergewicht! Du wirst liebenswert sein, wenn du abgenommen hast.

8. Ich liebe mich selbst.	Du machst so viel falsch … aber wenigstens versuchst du es.
9. Ich liebe mich selbst.	Ich bin es leid, das zu schreiben …
10. Ich liebe mich selbst.	Gut, gut …
11. Ich liebe mich selbst.	Ich liebe mich selbst … ja, ich verdiene es, geliebt zu werden.

Sagen Sie Ihre Affirmationen gewissenhaft. Bestimmen Sie selbst, wie Sie denken wollen. Stellen Sie sich vor, daß Sie die Lebensumstände oder Einstellungen bereits erfahren, die Sie sich bestätigen. Dann werden Sie beginnen, die Freiheit zu erleben, Sie selbst zu sein.

> Euer Geist ist eine geheiligte Einfriedung, in die ohne eure Erlaubnis nichts Schädliches eindringen kann.
>
> *Arnold Bennett*

Sie selbst können bestimmen, was für Gedanken Sie aufnehmen. Wenn Sie von Sorgen geplagt werden, setzen Sie sie auf eine Liste, die mein Vater seine »Zwei-Uhr-Nachts-Sorgen-Liste« nennt. Da er einen sehr tiefen Schlaf hat, kommt er nur selten dazu.

Lesen Sie nur Bücher, die Ihrer Seele Nahrung und Ihren Gedanken Auftrieb geben. Umgeben Sie sich mit positiven, optimistischen und glücklichen Menschen. Schützen Sie sich davor, negative »Schwingungen« aufzunehmen. Setzen Sie sich nicht negativen Fernsehsendungen oder Kinofilmen aus. Sie mögen sich davon unbeeinflußt fühlen, aber Ihr Unterbewußtsein wird die in diesem Filmen enthaltenen Vorstellungen (und Ängste) tagelang mit sich herumschleppen, vielleicht sogar jahrelang. Sie sind Müllfutter für den Geist.

Sie können Gedankensamen des Mangels pflanzen, und in diesem Fall werden Sie schließlich an Mangel glauben und Mangel erleiden; oder Sie können Gedankensamen des Überflusses pflanzen. Es liegt an Ihnen: Sie können an Ihre Beschränkungen glauben, oder Sie können glauben, daß Sie sich emporschwingen können.

Mein Sohn ist ein gutes Beispiel für die Macht des Glaubens. Sein ganzes Leben lang hatte er den Ehrgeiz, Profi-Sportler zu werden. Im letzten Schuljahr erlitt er eine schwere Knieverletzung, und der Orthopäde sagte, er könne nie wieder Sport treiben, und es bestünde die Gefahr, daß er sein Leben lang hinken würde. Mein Sohn und ich weigerten uns, an diese Einschränkung zu glauben, und wir suchten so lange, bis wir einen Kniespezialisten fanden, der uns Hoffnung machte. Zwei Jahre und drei Operationen später nahm mein Sohn an seinem ersten Triathlonrennen teil: vier Kilometer Schwimmen, hundertdreißig Kilometer Radfahren und fünfunddreißig Kilometer Marathonlauf. Er hatte sich entschieden, zu glauben, daß er es schaffen könne, und er hat es geschafft! Sie können es auch!

KAPITEL ZWÖLF

JA,
WIR HABEN RECHTE!

> HELMER: Denk daran – du bist in erster Linie Frau
> und Mutter.
> NORA: Daran glaube ich nicht mehr. Ich glaube,
> daß ich in erster Linie ein Mensch bin, ich
> genausogut wie du …
>
> *Henrik Ibsen*

EIN GRUNDRECHTSKATALOG
FÜR FRAUEN

1. Ich habe das Recht, mit Respekt behandelt zu werden.
2. Ich habe ein Recht auf meine Gefühle und meine Ansichten, und ich habe das Recht, sie zu zeigen und auszudrücken.
3. Ich habe ein Recht darauf, daß man mir zuhört, und ich habe das Recht, ernstgenommen zu werden.
4. Ich habe das Recht, meine Prioritäten selbst festzusetzen.
5. Ich habe das Recht, »Nein« zu sagen, ohne mich deswegen schuldig zu fühlen.
6. Ich habe das Recht, meine Wünsche und Bedürfnisse einzufordern.
7. Ich habe das Recht, anders zu sein, als andere es von mir erwarten.
8. Ich habe das Recht, meine eigenen Entscheidungen zu treffen.

9. Ich habe ein Recht darauf, zu lachen und Spaß zu haben.
10. Ich habe das Recht, zu lieben und geliebt zu werden.
11. Ich habe das Recht, anständig für meine Arbeit bezahlt zu werden.
12. Ich habe das Recht, glücklich zu sein.

Die obige Liste wurde aus vielen langvergessenen Quellen zusammengestellt; die eine Quelle, an die ich mich sehr wohl erinnere, ist mein eigenes Leben. Auf meiner Reise zur Unabhängigkeit habe ich mit all diesen Problemen gerungen. Was haben Sie gedacht, als Sie die Liste gelesen haben? Wenn Sie sagen können: »Ja, ich glaube daran – ich habe diese Rechte in meinem Leben verwirklicht«, haben Sie die Abhängigkeit überwunden und den Mut gefunden, sich selbst zu verwirklichen. Aber wenn Sie bei einigen Punkten den Kopf schütteln und sagen: »Das soll wohl ein Witz sein! Ich könnte nie glauben, ein Recht darauf zu haben! Und selbst wenn ich es täte, meine Familie und meine Freunde würden es nie respektieren!« lesen Sie weiter.

Es ist wirklich wahr, daß wir den Menschen zeigen, wie sie uns behandeln sollen. Wir müssen glauben, daß wir es verdienen, gut behandelt zu werden, bevor wir erwarten können, gut behandelt zu werden. Wir müssen glauben, daß wir Rechte haben, bevor unsere Rechte respektiert werden.

Erinnern Sie sich ständig an diese Rechte, um sich davon zu überzeugen, daß Sie tatsächlich Rechte haben. Befestigen Sie eine Kopie der obigen Liste oder eine Liste, die Sie selbst zusammengestellt haben, an einer Stelle in Ihrem Haus und am Arbeitsplatz, wo Sie sie gut sehen können. Damit schla-

gen Sie zwei Fliegen mit einer Klappe: Die Liste wird Sie
daran erinnern, daß Sie darauf hinarbeiten, positive Gedanken in Ihrem Unterbewußtsein zu verankern; und sie wird
anderen klarmachen, was Sie anstreben.

Kristy ist voll berufstätig, aber ihr Mann und ihre beiden
Söhne erwarteten von ihr, auch den ganzen Haushalt zu
machen. Kristy streikte – nicht nur einen Tag oder eine
Woche, sondern drei Monate. Sie kaufte für sich selbst ein,
kochte für sich und wusch ihre Sachen, aber nicht die ihrer
Familie. Vorher hatte sie das Gefühl gehabt, ein hilfloses
Opfer zu sein und ungerecht behandelt zu werden. Sie
konnte keine gute Lösung für das Problem finden und
entwickelte so zunehmend Gefühle von Zorn und Groll. Als
ihr bewußt wurde, daß auch sie Rechte hatte und sie zu
streiken begann, verschwanden Wut und Groll.

Kristy war bereit, es zu riskieren, das Mißfallen ihrer Familie
zu erregen. Am Anfang geriet sie ganz schön unter Beschuß.
Ihr Mann und ihre Söhne neckten sie und ließen sie merken, daß sie ihren Streik für einen Witz hielten; in der
zweiten Woche schäumten sie vor Wut, weil ihnen klarge-
worden war, wieviel sie von Kristy verlangt hatten und sie
wußten, daß sie sich würden ändern müssen. Kristys Streik
hatte Erfolg; sie hat jetzt drei willige Mitarbeiter.

ETWAS RISKIEREN:
EIGENVERANTWORTUNG ÜBERNEHMEN UND
KREATIVE ENTSCHEIDUNGEN FÄLLEN

> Wir sind alle bestimmt durch die Tatsache, daß wir
> als Menschen geboren wurden und daher vor die
> niemals endende Aufgabe gestellt sind, eine Wahl
> treffen zu müssen. Wir müssen die Mittel und
> gleichzeitig die Ziele wählen. Wir dürfen uns nicht
> darauf verlassen, daß jemand anderer uns retten
> wird, sondern müssen uns der Tatsache sehr be-
> wußt sein, daß falsche Entscheidungen uns unfä-
> hig machen, uns selbst zu retten.
>
> *Erich Fromm*

Wachstum setzt die Fähigkeit und die Bereitschaft voraus, Risiken einzugehen, sich auf das Unerwartete einzulassen. Das macht uns Angst, aber ohne Risikobereitschaft werden wir unfähig sein, die Ketten der emotionalen Abhängigkeit abzuwerfen.

Jedes Risiko, das wir eingehen, jeder Schmerz, den wir heilen, jeder innere Drache, den wir zähmen, macht den Pfad zur Freiheit weiter, so daß andere folgen können. Ich denke gern an die Frauen zurück, die mutig genug waren, das Wahlrecht zu fordern und zu verlangen, auch nach der Eheschließung ihr Recht auf Eigentum zu behalten. Sie waren Bahnbrecherinnen für uns Frauen, so sicher, wie die Pioniere sich einen Weg in den Westen bahnten.

Auf unserem neuen Weg gibt es ein paar sichtbare, geschichtliche Meilensteine, aber zum größten Teil ist der Weg unsichtbar und kann eher gefühlt als gesehen werden. Der Mut, die Hoffnungen, Tränen und Ängste der Frauen, die ihn vor uns gegangen sind, haben den Weg erbaut und gepflastert. Jedes Risiko, das wir eingehen, macht es anderen Frauen leichter, den Mut aufzubringen, sie selbst zu

sein. Indem wir neue Verhaltensmuster für uns selbst entwickeln, schaffen wir ein Muster für einen Umgang miteinander, der von liebevollem Respekt für die Rechte aller,
sowohl Frauen als auch Männern, geprägt ist.

> Es ist nicht einfach, unser Glück in uns selbst zu
> finden, und es ist unmöglich, es woanders zu
> finden.
>
> *Agnes Repplier*

Niemand außer Sie selbst trägt die Verantwortung für Ihr
Leben. Es gibt viele Dinge in Ihrem Leben, über die Sie
keine Kontrolle haben und für die Sie nicht verantwortlich
sind; aber Sie sind verantwortlich dafür, wie Sie auf Verhält-
nisse und Lebensumstände reagieren. Und es ist allein Ihre
Reaktion, die darüber bestimmt, ob Probleme sich positiv
lösen lassen.

Wenn wir verantwortlich werden – das heißt, wenn wir
lernen, frei und bewußt zu wählen, wie wir reagieren wollen
– haben wir die Freiheit, uns ein Leben aufzubauen, in dem
wir weiter wachsen und zunehmend glücklich sein können.
Bei Lebensumständen, über die wir keine Kontrolle haben,
wie beispielsweise seelische Verletzungen in der frühen
Kindheit, können wir lernen, wie wir die Eigenverantwortung für die Notwendigkeit des Trauerns übernehmen und
kreative Entscheidungen darüber treffen können, wie wir
das tun wollen.

Victoria war von frühester Kindheit an Opfer schwersten
sexuellen Mißbrauchs; es hörte erst auf, als sie achtzehn
Jahre alt war. Sie war nicht verantwortlich für dieses Leiden,
aber sie *ist* verantwortlich dafür, wie sie damit umgeht, und
sie ist verantwortlich für ihre Genesung. Victoria *muß* trauern; ihr Schmerz ist so groß, daß sie keine andere Wahl hat.
Aber sie kann entscheiden, wie sie trauern will. Sie kämpft

einen schweren Kampf, aber sie geht ein Risiko ein, indem sie ihren Schmerz zuläßt, die Verantwortung für ihre Heilung übernimmt und kreative Entscheidungen trifft. Und sie streckt die Hand nach Frauen aus, die ähnliches erlitten haben ... ein sicheres Zeichen liebender Heilung.

Selbst wenn wir kein so grauenhaftes Trauma erlitten haben wie Victoria, wir alle haben Narben, die die Art beeinflussen, wie wir unser Leben gestalten. Wir müssen die Verantwortung für die Behandlung dieser alten Wunden übernehmen und uns entscheiden, wie wir an der Heilung arbeiten wollen, damit wir zu besseren Dingen übergehen können. Stellen Sie sich selbst die Frage: Wenn ich die Verantwortung für diese bestimmte Situation und die Art, wie ich damit umgehe, übernehmen würde – was könnte ich ändern, überwinden, vermeiden, lösen oder beenden und wie könnte ich daran arbeiten? Wenn Sie anfangen würden, es als Ihre Aufgabe anzusehen, eine Lösung zu finden, wo würden Sie anfangen?

Wie würde der erste, winzig kleine Schritt aussehen, den Sie setzen würden? Denken Sie nicht darüber nach, was für Gesamtausmaße dieser Prozeß hat; tun Sie nur diesen einen kleinen Schritt. Wenn Sie dabei moralische Unterstützung brauchen, sprechen Sie mit einer Freundin oder Therapeutin. Aber tun Sie den Schritt!

Wenn wir darauf bestehen, zu glauben, daß »die anderen« sich ändern müssen, damit wir glücklich sein können, werden wir nie zu etwas kommen. Ob »die anderen« nun die Familie, der Partner, die Wirtschaft, das Wetter, ein bestimmter Umstand oder lieblose Eltern sind: Wenn wir uns darauf verlassen, daß sie unser Leben für uns ändern werden – viel Glück! Dann stecken wir fest! Wenn uns bewußt wird, daß wir verantwortlich sind für unser eigenes Leben und unser Glück – nicht tadelnswert oder schuld daran, aber verantwortlich –, werden wir anfangen, die innere Kraft zu entwickeln, die wir brauchen, um uns zu ändern und kreative Entscheidungen zu treffen. Wenn beispielsweise Ihr Mann Alkoholiker ist, haben Sie eine Wahl: Entweder Sie fühlen sich als Opfer der Situation, oder Sie gehen zu Al-Anon oder beschließen irgendeinen anderen praktischen Schritt zur Bewältigung der Situation.

Fühlen Sie sich matt, teilnahmslos und lahm? Welcher Drache in Ihnen verhindert, daß das Funkeln Ihrer Persönlichkeit zum Vorschein kommt? Treffen Sie die Entscheidung, die Verantwortung für Ihr Heilwerden zu übernehmen. Gehen Sie das Risiko ein, Ihre Lebensmuster zu untersuchen und herauszufinden, was los ist. Suchen Sie nach einer Tätigkeit, die Sie mit Enthusiasmus erfüllt. Sie können nicht gleichzeitig gelangweilt und teilnahmslos und enthusiastisch sein.

Bei jeder Veränderung gehen wir das Risiko ein, eine Krise auszulösen. Wenn Sie anfangen, anders auf Lebensumstände oder bestimmte Situationen zu reagieren, werden Sie zweifellos einige Leute gegen sich haben. Die Menschen mögen keine Veränderungen, und sie sind daran gewöhnt, daß Sie so sind, wie Sie sind. Das chinesische Schriftzeichen für *Krise* ist eine Kombination der Schriftzeichen *Gefahr* und *Chance*. Wenn wir eine Veränderung riskieren, gefährden wir den Status quo, aber wir eröffnen neue, befreiende Chancen für uns selbst, unsere Familien und Freunde. Das Risiko mag uns angst machen, aber es kann uns reich belohnen. Wir müssen das Risiko wagen!

> Laßt uns wagen, wir selbst zu sein, denn das können wir besser als irgend jemand sonst.
>
> *Shirley Briggs*

Es ist *Ihr* Leben; vergeuden Sie es nicht. Sie können sich den Weg zu einem glücklicheren Leben bahnen, indem Sie die Tatsache akzeptieren, daß es in Ihrer Verantwortung liegt, zu ändern, was geändert werden muß, und sich für eine kreative Art des Handelns zu entscheiden, die zu einer Bereicherung Ihres Lebens beitragen wird.

DEUTLICH DIE MEINUNG SAGEN, OHNE IN DIE LUFT ZU GEHEN

> Meinem Freunde zürnte ich:
> ich sagt es ihm, der Zorn entwich.
> Ich zürnte meinem Feinde: doch
> ich sagt es nicht, der Zorn schoß hoch.
>
> *William Blake*

Wenn wir uns für risikoreiche neue Verhaltensweisen entscheiden, durch die unser Gegenüber sich emotional bedroht fühlen könnte, ist es extrem wichtig, daß wir lernen, Probleme offen anzusprechen. Es gibt zwei Arten, unsere Wut zu zeigen: eine konstruktive und eine destruktive. Wir alle kennen die destruktive Methode (wahrscheinlich auch aus eigener Erfahrung); wir haben unsere Gefühle versteckt oder sind explodiert und haben anderen Leuten wüste Dinge ins Gesicht geschleudert. Die destruktive Art, unsere Wut zu zeigen, bewirkt, daß unser Zorn und der Zorn anderer wächst, anstatt zu verschwinden.

Wie können wir deutlich unsere Meinung sagen, ohne zu explodieren oder nur zu erreichen, daß der andere in die Luft geht?

Zunächst müssen wir uns selbst überzeugen, daß wir das Recht haben, Probleme offen anzusprechen. Wenn Sie Ihr Gedächtnis etwas auffrischen wollen, lesen Sie nochmal den

Grundrechtskatalog für Frauen durch. Es wäre auch gut, in Ihrem Bewußtsein nach Samensätzen zu suchen, durch die andere Menschen davon abgehalten werden, Ihnen zuzuhören und Ihre Worte zu respektieren. Einer meiner Samensätze lautete: Wenn du nichts Nettes zu sagen hast, sag' lieber gar nichts. Ich umgab mich mit Freundinnen, die wie ich gelernt hatten, Angst vor Konflikten und ehrlicher Kommunikation zu haben. Wenn ich offen sagte, was ich fühlte, fanden meine Freundinnen, daß das nicht »nett« sei, und ich glaubte ihnen. Also verbarg ich jahrelang meine Gefühle, sogar wenn ich das dringende Bedürfnis hatte, sie mitzuteilen, weil ich Angst hatte, abgelehnt oder »Giftspritze« genannt zu werden oder Beziehungen zu gefährden, die ich in meiner unsicheren emotionalen Abhängigkeit brauchte. Wenn wir überzeugt sind, daß wir ein Recht haben, unsere Gefühle und Ansichten offen auszusprechen, müssen wir lernen, das auf konstruktive Weise zu tun. Wir handeln hingegen destruktiv, wenn wir andere von unseren Meinungen und Ansichten überzeugen wollen, ohne ihnen zu beweisen, daß sie im Unrecht sind. Wir müssen lernen, Probleme mit dem Ziel anzusprechen, uns gegenseitig besser zu *verstehen*. Wir müssen einerseits unseren Standpunkt ohne Schuldzuweisungen vertreten und andererseits zuhören können, ohne den Gesprächspartner gleich zu verurteilen.

GEH IN DIE LUFT, ABER ...

In die Luft gehen bedeutet so viel wie den Müll hinaustragen. In unseren Köpfen sammelt sich seelischer Müll an, der im Körper schädliche Stoffe freisetzt. Wenn wir nicht explodieren und diese Giftstoffe ablassen, besteht die Gefahr, daß wir uns Krankheiten wie Drepressionen, Herzkrankheiten und sogar Krebs zuziehen, die durch die Unterdrückung von Gefühlen entstehen können. Viele Frauen nehmen zu, anstatt in die Luft zu gehen. Ich kann immer genau sagen, daß ich mit etwas zurückhalte: Ich werde dicker.

Es ist eine Kunst, auf konstruktive Weise Dampf abzulassen. Wenn unsere inneren Drachen eine ordentliche Menge Dampf aufgestaut haben, müssen wir ihn ablassen; aber wir sollten unseren Zorn dabei nicht auf Menschen oder zerbrechliche Objekte richten. Kleine Kinder wissen instinktiv, wie sie Dampf ablassen können: Sie werfen sich auf den Boden, treten und schlagen um sich. Nur sehr selten verletzen sie sich dabei.

Kluge Eltern und Lehrer geben Kindern die Gelegenheit, den Raum zu verlassen und ihre Wut auszutoben. Das Kind wird allein gelassen und kann nach Herzenslust seine Gefühle ausdrücken. Geben Sie auch sich selbst diese Gelegenheit! Ziehen Sie sich zurück und toben Sie die volle Wucht Ihres Zorns und Ihrer Frustration ordentlich aus. Erst dann sagen Sie deutlich, was Sie stört.

Wenn Sie sich wirklich darauf einlassen, werden Sie danach müde sein, aber sich gereinigt fühlen. Robert Frost hat gesagt: »Der beste Weg hinaus ist immer mittendurch.« Ich bin überzeugt, daß das eine Aussage ist, die auf die Emotionen zutrifft.

Nachdem wir unsere überschüssige Energie abgelassen haben, können wir mit Hilfe einiger einfacher Kommunikationstechniken ein konstruktives Gespräch führen.

KONSTRUKTIVE
KOMMUNIKATIONSTECHNIKEN

> Die besten improvisierten Reden sind die, die gut
> vorbereitet worden sind.
>
> *Ruth Gordon*

A. Bereiten Sie sich auf das Gespräch vor, indem Sie:

1. *Allein für sich Ihre Wut rauslassen.*
2. *Abklären, was Sie fühlen und was Sie sagen wollen:*
   a. Verfassen Sie Notizen an sich selbst. Eine Klientin von mir richtete unter der Überschrift »Memo an mich: Ich bin wütend, weil (.........)!« emotionale Notizen an sich selbst. Sie schreibt ihre Gefühle auf und legt die Notiz in den Eingangskorb, um später darauf zurückzukommen, wenn es ihr besser paßt. Sie sollten sich *immer* später noch einmal mit diesen Notizen beschäftigen, und sei es nur, um sicher zu sein, daß die Sache jetzt für Sie geklärt ist. Wenn Sie sich die Notiz nicht noch einmal ansehen, ist das ein Zeichen dafür, daß Sie Gefühle unterdrücken wollen.
   b. Bereiten Sie sorgfältig und systematisch vor, was Sie mitteilen wollen.
   c. Üben Sie ein, was Sie sagen wollen.

Denken Sie daran, Kommunikation ist kein Guerillakrieg. Sie wollen Probleme offen ansprechen, um Liebe, Verständnis und größere Nähe zu dem anderen zu schaffen.

B. Die Wahl des richtigen Zeitpunkts

Ich kann gar nicht genug betonen, wie wichtig es ist, den richtigen Zeitpunkt für ein Gespräch zu finden! Es ist ganz wesentlich! Viele Leute ruinieren jede Chance einer konstruktiven Kommunikation, indem sie das Gespräch zur falschen Zeit beginnen. Die fünf kleinen Worte *Ich muß mit dir reden* können Menschen, die Angst vor Konflikten haben, ohne weiteres in Panik versetzen. Wenn wir noch *jetzt sofort!* hinzufügen, müssen wir damit rechnen, daß der Angesprochene in die Defensive geht. Es ist nur fair, daß beide Parteien sich darüber einigen, wann das Gespräch stattfinden soll. Mit den Jahren haben mein Mann und ich ein System entwickelt, mit dem wir beide leben können. Wenn ich ein Gespräch will, sage ich ihm, daß ich irgendwann innerhalb der nächsten vierundzwanzig Stunden mit ihm reden möchte. Ich sage ihm, worum es geht – in höchstens ein oder zwei Sätzen. Dann lasse ich ihn wissen, wie wichtig die Sache für mich ist. Da er den Zeitpunkt bestimmen kann (mit dem wir beide einverstanden sein müssen), hat er das Gefühl, am Entscheidungsprozeß beteiligt zu sein. Wenn ich ihn einfach überfallen und verlangen würde, daß wir uns »jetzt sofort« unterhalten, würde er sich angegriffen fühlen und von Anfang an in die Defensive gehen. Ich weiß das, weil ich es oft genug ausprobiert habe!

Wenn er den Zeitpunkt bestimmen kann, kann er sich überlegen, was er sagen will – er kann sich vorbereiten. Manche Leute finden es hilfreich, sich regelmäßig zusammenzusetzen, um alles zu besprechen, was anliegt, oder einmal die Woche beim Abendessen »die Luft zu reinigen«, oder sich jeden Abend zehn oder zwanzig Minuten Zeit zu nehmen, um miteinander zu sprechen.

C. Kommunizieren

1. *Erinnern Sie sich daran, was Sie mit dem Gespräch erreichen wollen.* Bevor Sie das Gespräch beginnen, holen Sie beide ein paarmal tief Luft, fassen sich an den Händen und sagen, was Sie mit dem Gespräch erreichen wollen. Was hoffen Sie zu gewinnen? Zu lernen? Zu verstehen? Wenn Sie vom Thema abweichen, erinnern Sie sich gegenseitig.

2. *Sagen Sie, wie Sie sich fühlen.* Was für Ängste und körperliche Symptome spüren Sie bei Beginn des Gesprächs? Verstecken Sie sich nicht hinter einer Maske von Angriffslust, Gleichgültigkeit oder gespielter Tapferkeit, sondern zeigen Sie Ihre Verletzlichkeit. Wenn ich über ein unbequemes Thema sprechen muß, bekommt mein Körper große Angst. Ich könnte dann zum Beispiel sagen: »Es fällt mir wirklich schwer, darüber zu sprechen. Mein Herz rast und mein Magen krampft sich zusammen. Ich schwitze, und mein Gaumen ist völlig ausgetrocknet.«

3. *Stellen Sie fest, ob eine Reaktion wirklich so gemeint war, wie sie bei Ihnen angekommen ist.* Manchmal nehmen wir die Reaktion eines anderen Menschen anders wahr, als sie gemeint war. Bevor Sie reagieren, überprüfen Sie, ob Ihre Vermutungen zutreffen: »Ich würde gern wissen, was du denkst; ich fühle mich ausgeschlossen; bist du wütend auf mich?« Wenn die Antwort »ja« lautet, können Sie jetzt darüber sprechen oder es auf später verschieben. Wenn die Antwort »nein« ist, akzeptieren Sie das. Wenn das Gefühl anhält, fragen Sie noch einmal nach.

4. *Verwenden Sie »Ich-Botschaften«.* Oft kann eine Abwehr- und Verteidigungshaltung des Gesprächspartners durch Ich-Botschaften vermieden werden. Die Formel lautet: »Wenn du (.........) tust/sagst, fühle ich mich (.........)«. Die Grundidee ist, *Gefühle* auszudrücken, anstatt jemanden zu verurteilen oder anzuklagen. Benutzen Sie kurze, präzise Worte, um Ihre Gefühle zu beschreiben, zum Beispiel: verletzt, verwirrt, müde, wütend, erfreut, unbehaglich, verlassen, aufgeregt. Sie beschreiben damit, was in *Ihnen* vorgeht, anstatt das Tun des Gesprächspartners zu verurteilen. Ein Beispiel einer klaren »Ich-Botschaft« ist: »Wenn du in diesem Ton mit mir redest, fühle ich mich verletzt, und es macht mich wütend.«

Im Gegensatz dazu zeigen »Du-Botschaften« mit dem Finger auf den Gesprächspartner, sie verurteilen ihn, greifen ihn persönlich an und interpretieren sein Verhalten. Die »Ich-Botschaft« eben hätte als »Du-Botschaft« vielleicht gelautet: »Du willst mich nur verletzen, wenn du in diesem Ton mit mir sprichst!«, oder »Du bringst mich dazu, mich gräßlich zu fühlen. Du tust mir weh!« Jede »Du-Botschaft« endet mit einem stillschweigenden »Du Bastard!«

»Ich-Botschaften« informieren. »Du-Botschaften« greifen an.

Beispiele:	
Du-Botschaften	Ich-Botschaften
Es ist widerlich und verantwortungslos, daß du trinkst.	Wenn du trinkst, habe ich Angst und fühle mich angeekelt.
Du bist unhöflich und verantwortungslos. Du könntest wenigstens anrufen, wenn du später kommst.	Ich fühle mich wie ein verlassenes Kind, wenn du nicht anrufst, wenn du später kommst.
Du bist ein unsensibles Schwein. Wie kannst du mich so aufziehen, obwohl du genau weißt, daß es mir wehtut.	Wenn du mich aufziehst, fühle ich mich hilflos und wütend.

D. Nonverbale Kommunikation

Eine meiner Klientinnen hatte einen Sohn bekommen und lag noch im Krankenhaus. Als ihre Schwiegermutter sie besuchte, sagte sie: »Gestern hast du ja eine Menge Blumen bekommen, wie ich gesehen habe, also hab' ich dir heute auch was mitgebracht.« Sie überreichte meiner Klientin einen kleinen, nicht eingewickelten Kaktus, an dem noch das Preisschild des Supermarktes klebte: neunundneunzig Pfennig. Eine feine nonverbale Abfuhr.

Das Verhalten spricht lauter als Worte. Wenn unsere nonverbalen Botschaften nicht mit unseren Worten übereinstimmen, verwirrt das jeden. Wir alle haben schon die Erfahrung gemacht, daß eine Person sich so eiskalt verhalten hat, daß uns die Haare in der Nase gefroren sind. Auf die Frage, was denn los sei, entgegnete sie (frostig): »Nichts!« Das ist eine gemischte (oder doppelte) Botschaft.

E. Zuhören

*Zwei sind nötig, um die Wahrheit zu sagen – einer,
der redet, und ein anderer, der ihm zuhört.*
Henry David Thoreau

Das Zuhören ist wahrscheinlich der wichtigste Bestandteil jeder Kommunikation. Es ermöglicht uns, den anderen zu verstehen, es überwindet die Kluft zwischen uns und schafft größere Nähe. Hier sind ein paar Tips, die gutes Zuhören fördern können.

1. *Lassen Sie Pausen zu.* Bevor Sie eine Antwort formulieren, vergewissern Sie sich, daß Sie sich die Zeit genommen haben, wirklich zu hören, was Ihr Gesprächspartner gesagt hat. Widerstehen Sie der Tendenz, die Gedanken Ihres Gegenübers vorwegzunehmen und schon Muni-

tion für Ihre Erwiderung zu sammeln, während er noch redet.

Schweigepausen sind ein wesentlicher Bestandteil wahrer Kommunikation. Wenn Sie ständig versuchen, Ihrem Gesprächspartner ins Wort zu fallen, können Sie nicht zuhören. Menschen können sich nur verständigen, wenn sie den Wert des anderen bestätigen, indem sie ihn wirklich anhören. Das Verstehen des anderen ist nur durch Zuhören möglich. Zwischenmenschliche Beziehungen blühen durch Verständnis auf. Wenn Sie eine gute Beziehung zu anderen haben wollen, hören Sie zu. Hören Sie wirklich zu!

2. *Geben Sie eine Rückmeldung.* Wiederholen Sie, was Ihr Gegenüber Ihrer Meinung nach gerade gesagt hat. Wenn Sie jemals »Stille Post« gespielt haben, bei dem es darum geht, eine Nachricht im Kreis herum durchzugeben, indem ein Mitspieler sie dem nächsten ins Ohr flüstert, wissen Sie, wie leicht Botschaften mißverstanden und verzerrt werden können. Überprüfen Sie, ob Sie richtig gehört haben. Stellen Sie sicher, daß Sie beide über dieselbe Sache oder dasselbe Gefühl sprechen. Sagen Sie etwa: »Als du sagtest, daß du nichts dagegen hast, daß ich Freitag mit Nancy ins Kino gehe, hast du mich da gebeten, nicht zu gehen?«

Setzen Sie nicht voraus, daß Sie wissen, was Ihr Gesprächspartner gemeint hat. Denken Sie nach. Forschen Sie nach. Stellen Sie sicher, daß Sie wirklich verstanden haben. Es erfordert Geduld, wirklich zuzuhören, und Sie müssen es wollen. Aber es ist die Mühe wirklich wert!

WÜNSCHE UND
BEDÜRFNISSE ERNSTNEHMEN

> Warum verlassen Frauen das Heim, um ihre Dienste auf
> dem Marktplatz anzubieten? Um Geld zu verdienen? Si-
> cher. Aber vielleicht haben sie das Bedürfnis, sichtbar zu
> werden. Man muß es erlebt haben, um zu wissen, wie es ist,
> unsichtbar zu sein. Sich durchs Haus zu bewegen und
> nicht gesehen zu werden, zu reden und nicht gehört zu
> werden. Und jeden Abend kam die Familie zurück und
> fragte: »Niemand zu Hause?«
>
> *Erma Bombeck*

Haben Sie sich je unsichtbar gefühlt? Wer allein unter all
den Menschen, die Sie kennen, hat die Macht, Sie sichtbar
zu machen? Sie selbst! Und Sie werden nie sichtbar werden,
wenn Sie Ihre Wünsche und Bedürfnisse nicht ernstneh-
men.

Was wollen und brauchen Sie? Zuneigung? Anerkennung?
Liebe? In den Arm genommen werden? Erfolg haben? Gehört werden? Hilfe im Haushalt? Teilen Sie anderen diese
Wünsche und Bedürfnisse mit, oder hoffen Sie, daß die
hellseherisch »wissen«, was Sie brauchen, ohne daß Sie
fragen müßten? Das ist nicht fair. Wir bekommen selten das,
was wir brauchen, wenn wir erwarten, daß andere Leute
unsere Gedanken lesen.

Simone, eine Lehrerin, war gerade zum zweitenmal geschieden worden, und sie fühlte sich einsam und wertlos. Schließlich brachte sie den Mut auf, um das zu bitten, was sie
brauchte: Sie wollte in den Arm genommen werden und
gesagt bekommen, daß sie ein wertvoller Mensch war, auch
wenn sie zweimal geschieden worden war. Sie machte sich
einen Button und steckte ihn in der Schule an. Auf dem
Button stand: »Ich möchte täglich achtmal in den Arm
genommen werden!« Simones Bereitschaft, um die Erfül-

lung ihrer Wünsche und Bedürfnisse zu bitten, löste in ihrer Schule eine kleine Revolution aus. Bald umarmten die Kollegen nicht nur sie, sondern auch andere Kollegen. Im Lehrerkollegium entwickelte sich eine Atmosphäre der Nähe, die vorher nicht dagewesen war.

Andere Menschen können uns nie all das geben, was wir wollen und brauchen. Also müssen wir lernen, zumindest einige unserer Wünsche und Bedürfnisse selbst zu erfüllen.

Pat ist seit kurzem allein, und sie braucht Liebe und Zuwendung. Ihr tiefsitzendes Bedürfnis nach Zuwendung hat seinen Ursprung in der Beziehung zu ihrer Mutter, die sie nie unterstützt hat; seit sie sich von ihrem Mann getrennt hat, hat sich ihr Gefühl des Verlassenseins lediglich verstärkt. Pats inneres kleines Mädchen sehnt sich danach, geliebt und angenommen zu werden. Ich habe eine Puppe in meiner Praxis, und als ich sie Pat zum Halten gab, überschüttete sie sie mit all der Liebe, nach der ihr inneres Kind sich sehnt. Ich riet Pat, sich eine Puppe oder einen Teddy zu kaufen. Das klingt ziemlich albern, aber es hilft. Wenn wir ein bereitwilliges, knuddeliges Spielzeug umarmen, festhalten und mit ihm reden, wird die Entwicklung einer sanften, heilsamen Haltung gegenüber unserem inneren Kind gefördert. Vielleicht nehmen Sie im Spielzeugladen probehalber mehrere Teddybären oder Puppen in den Arm, bis Sie etwas finden, das sich genau richtig anfühlt.

Pats Fall ist ein gutes Beispiel dafür, wie äußere Objekte uns helfen können, unsere inneren Wünsche und Bedürfnisse zu erkunden und sie zu respektieren. Wir haben das Recht, unsere Bedürfnisse zu kennen und sie zu befriedigen. Wir können nach Wegen suchen, um das zu bitten, was wir brauchen; und wir können lernen, unsere Bedürfnisse selbst zu befriedigen.

Wenn wir lernen, an unsere Rechte zu glauben und unsere Wünsche und Bedürfnisse ernstzunehmen, haben wir einen großen Schritt hin zu innerer Ganzheit und Gesundheit gemacht. Wir werden die Abhängigkeit überwinden und den Mut finden, wir selbst zu sein. Wir werden unsere Fähigkeiten entdecken und respektieren und andere ermutigen, dasselbe zu tun.

KAPITEL DREIZEHN

DEN MUT
HABEN

> Wer weiß, was Frauen sein können, wenn sie end-
> lich frei geworden sind, sie selbst zu sein? Wer
> weiß, was die Intelligenz der Frauen beisteuern
> kann, wenn sie sie schulen können, ohne die
> Liebe zu verleugnen?
>
> *Betty Friedan*

Manchmal müssen wir uns nur selbst erlauben, den Mut zur Selbstverwirklichung zu finden. Manchmal ist das alles, was uns fehlt, um weiterzukommen. Nur zu oft warten wir darauf, daß jemand zu uns sagt: »Klar, natürlich solltest du so sein, wie du wirklich bist.« Aber ich frage Sie: Gibt es in Ihrem Leben einen Menschen, der wirklich so große Macht über Sie hat? Nein! Kein anderer kann uns die Erlaubnis geben, uns zu ändern. Niemand sonst kennt die inneren Sehnsüchte, Träume und Ängste, die in uns kämpfen. Daher können nur Sie wissen, wo und wie Sie sich die Erlaubnis geben sollten, Ihr authentisches Selbst zu verwirklichen.

Wachstum und persönliche Entfaltung beginnen, wenn wir uns erlauben, zu *sein*. Denken Sie an diesen Satz aus dem Grundrechtskatalog für Frauen: »Ich habe das Recht, anders zu sein, als andere es von mir erwarten.« Oft gibt es eine Phase mit Anpassungsschwierigkeiten, nachdem wir uns verpflichtet haben, wir selbst zu sein. Es hat sich etwas geändert, für uns und für andere. Die anderen werden vielleicht vor dem neuen Muster zurückschrecken, und wir selbst möglicherweise auch; aber wir müssen die Unannehmlichkeiten in Kauf nehmen und an unserem Entschluß, wir selbst zu sein, festhalten, um die emotionale Abhängigkeit überwinden zu können und unser authentisches Selbst zu finden.

Folgende Worte stehen auf dem Grab eines anglikanischen Bischofs, der um 1100 nach Christus in der Krypta der Westminster Abbey begraben wurde:

Als ich jung und frei war und meine Vorstellungskraft keine Grenzen kannte, träumte ich davon, die Welt zu ändern.
Als ich älter und weiser wurde, erkannte ich, daß die Welt sich nicht ändern würde,
also steckte ich meine Ziele etwas niedriger und entschied, nur mein Land zu verändern.
Aber auch das schien unbeweglich.
Als ich mich meinem Lebensabend näherte, begnügte ich mich in einem letzten verzweifelten Versuch damit, nur meine Familie zu ändern, die Menschen, die mir am nächsten standen, aber leider wollten sie nichts davon wissen.
Und jetzt, wo ich auf dem Totenbett liege, wird mir plötzlich klar:
Wenn ich nur zuerst mich selbst geändert hätte, hätte ich vielleicht durch mein Beispiel meine Familie ändern können.
Mit ihrer Inspiration und Ermutigung wäre ich dann fähig gewesen, mein Land zu verbessern, und wer weiß,
vielleicht hätte ich die Welt ändern können.

Mut, so wie dieses Buch ihn versteht, ist die Bereitschaft zu handeln, auch wenn wir Angst haben. Wenn Sie lange emotional abhängig von anderen Menschen waren, wird es eine beängstigende Erfahrung für Sie sein, unabhängige Entscheidungen über Ihr Leben zu treffen und das Risiko einzugehen, daß anderen Ihr Verhalten mißfällt. Der einzige Weg ist, mit kleinen Schritten anzufangen, die wir bewältigen können. Sogar ein winziger Schritt bringt uns weiter als gar keiner. Sie werden überrascht feststellen, wieviel Stärke, Selbstvertrauen und Stolz es Ihnen verleiht, nur einen kleinen Teil Ihrer verborgenen inneren Courage anzuzapfen.

Kleben Sie einen Zettel auf den Kühlschrank oder den Spiegel, oder legen Sie ihn in Ihre Brieftasche, auf dem steht: *Niemand hat behauptet, es würde einfach sein!* Nur zu oft sind wir unterschwellig der Ansicht, daß das Leben einfach sein sollte; wir denken, daß wir irgendwie schlecht sind oder alle Welt gegen uns ist, wenn wir uns einer schwierigen Herausforderung gegenübersehen. Mit dieser Opferhaltung brechen wir allzu leicht zusammen, und wir entdecken nie, wie stark und kreativ wir sein könnten. Es ist nie einfach, sich zu ändern. Aber wenn wir allen Schwierigkeiten aus dem Weg gehen, werden wir die Angst nie besiegen. Wenn wir uns erfolgreich einer Herausforderung stellen oder die Angst überwinden, verspüren wir ein herrliches Gefühl von Können und Meisterschaft.

Befreien Sie sich von der inneren Einstellung, daß das Leben einfach sein sollte. Das ermutigt Sie nur dazu, sich innerlich gegen Probleme zu wehren. Vermeiden Sie die Ist-es-nicht-schrecklich und Alles-ist-gegen-mich-Haltung, bei sich selbst und bei anderen. Eine negative Einstellung ist hochgradig ansteckend, so daß Sie es – wenn irgend möglich – vermeiden sollten, mit chronisch negativen Menschen zusammenzutreffen.

WENN WIR UNS GEGEN IHN WEHREN, WIRD DER SCHMERZ NUR NOCH GRÖSSER

> Daß das Nachgiebige das Widerstrebende besiegt und das Weiche das Harte, ist eine Tatsache, die allen Menschen bekannt ist, die sich aber niemand zunutze macht ...
>
> *Lao-tse*

Werdende Mütter erfahren in Kursen zur natürlichen Geburt, daß die Wehen schwerer auszuhalten sind, wenn die Gebärende sich gegen den Schmerz wehrt und sich vor Angst anspannt. Ihnen wird geraten, »in den Schmerz hineinzuatmen« – nicht weil tiefes Atmen den Schmerz lindert, sondern weil wir im entspannten Zustand besser fähig sind, den Schmerz zu akzeptieren.

In meinen Trauergruppen treffe ich viele Menschen, die versuchen, sich gegen das Leid zu wehren. Ich ermutige sie, sich in ihr Leid hineinzugeben, sich in der Erfahrung des Schmerzes zu entspannen, sich selbst zu erlauben, Schmerz zu spüren und ihn zu zeigen. Oft sind sie zutiefst überrascht, weil die meisten Menschen gelernt haben, jederzeit Haltung zu bewahren.

Widerstand macht alles nur schlimmer! Je mehr wir uns gegen Menschen, Lebensumstände oder Situationen sträuben, desto mehr ziehen wir genau das an, gegen das wir uns zu wehren versuchen. Vielleicht meinte Jesus das, als er uns riet, die andere Wange hinzuhalten. Widerstand führt zu

Anspannung. Anspannung bringt Unbeweglichkeit, Steifheit und geringe Flexibilität mit sich; und wenn wir steif, unflexibel und unbeweglich sind, sind wir verwundbar. Die starke Eiche widersteht dem Sturm, die Weide aber gibt nach. Weil sie nicht fest und massiv dem Wind im Weg steht, sondern ihn ihre Zweige beuteln läßt, hat sie ganz offensichtlich die besseren Überlebenschancen.

Erinnern Sie sich an diese Formel:

Widerstand – Anspannung – Starrheit – Verwundbarkeit.

Wenn Sie merken, daß Sie gegen etwas Widerstand leisten (Anspannung ist das erste Anzeichen dafür), machen Sie sich bewußt, gegen was oder wen Sie sich wehren. Welche Lebensumstände, Erinnerungen, Einstellungen oder Beziehungen drohen, Ihnen Kummer zu bereiten? Vergrößern Sie den Schmerz, indem Sie sich gegen ihn wehren?

Gestehen Sie sich ein, was Sie dabei über Ihr Widerstandsverhalten erfahren. Dann akzeptieren Sie, daß Ihnen etwas wehtut, und daß Sie sich dagegen wehren. Schließlich entscheiden Sie sich, es anzunehmen und angemessen zu handeln. Widerstand ist blinde Reaktion, keine freie Willensentscheidung. Freiheit entsteht durch die Fähigkeit, sich zu entscheiden, was man tun will.

Widerstand kann auch darauf hindeuten, daß es einen Machtkampf gibt, daß wir recht behalten, etwas beweisen oder die Kontrolle haben wollen. Einen Machtkampf kann man nur gewinnen, wenn man ihn aufgibt. Es ist genauso nutzlos, den Meinungen und Gefühlen anderer Menschen Widerstand entgegenzubringen, wie es nutzlos ist, sich gegen seine eigenen Ansichten und Gefühle zu sträuben. Der Schmerz oder das Unbehagen, das wir empfinden, wird direkt proportional zu unserem Widerstand vergrößert. Wenn Ihr Mann griesgrämig ist und Sie finden, daß er das nicht sein sollte, werden Sie sich nur schlechter fühlen und ihn durch Ihren Widerstand sehr wahrscheinlich weiter provozieren. Sie brauchen schließlich nicht in seiner Nähe zu bleiben und seine schlechte Laune zu ertragen. Nur er selbst kann sich entscheiden, wieder bessere Laune zu bekommen, also warum sollten Sie Widerstand gegen seine Laune leisten?

Sylvia haßte es, daß ihr Mann ständig herabsetzende Bemerkungen über ihr Gewicht machte und ihr so selten sagte, daß er sie liebte. Sie ließ sich auf einen Machtkampf ein und wies ihn auf jeden kleinen Beweis dafür hin, daß er im Unrecht und lieblos war. In dieser widerstrebenden Stimmung konnte sie nicht sehen, daß er auch liebevoll sein konnte. Sie waren wie zwei Boxer, die in ihrer jeweiligen Ecke standen und in Erwartung der nächsten Runde in die Luft boxten. Beide litten unter der Situation.

Als Sylvia bewußt wurde, was für einen zerstörerischen Weg sie und ihr Mann eingeschlagen hatten, hörte sie allmählich mit dem Widerstand auf. Sie verzichtete nicht auf ihre Rechte, aber sie ließ ihren Mann in Ruhe. Sie wurde flexibler und fähiger, ihre wahren Gefühle zu zeigen, anstatt rachsüchtig zurückzuschlagen. Sie machte ihre Wünsche und Bedürfnisse deutlich, aber ohne anzuklagen oder zu verurteilen. Ihr Mann konnte ihr nicht geben, was sie brauchte, und so fand sie kreative Wege, sich ihre eigenen Bedürfnisse zu erfüllen. Sylvia hörte auf, Widerstand zu empfinden und entschied sich statt dessen, sich selbst ein besseres Leben zu bereiten, nicht aus Groll, sondern aus Liebe zu sich selbst.

Als Sylvia unabhängiger wurde, fühlte sie sich immer weniger als Opfer ihres Mannes, und das machte sie fähiger, sich ihm in Liebe zuzuwenden. Ihre Forderung nach Liebe und Zuneigung hatte ihm widerstrebt, aber als sie weniger verlangte, war er eher bereit, zu geben.

Khalil Gibran schreibt:

Euer Schmerz ist das Zerbrechen der Schale, die euer Verstehen
umschließt.
Wie der Kern der Frucht zerbrechen muß, damit sein Herz die Sonne
erblicken kann, so müßt auch ihr den Schmerz erleben.
Und könntet ihr in eurem Herzen das Staunen über die täglichen
Dinge des Lebens bewahren, würde euch der Schmerz nicht
weniger wundersam scheinen als die Freude;
Und ihr würdet die Jahreszeiten eures Herzens hinnehmen, wie ihr
stets die Jahreszeiten hingenommen habt, die über eure Felder
streifen.
Und ihr würdet die Winter eures Kummers mit Heiterkeit überstehen.

AKTIVPOSTEN
FÜR DIE SEELE

Denkt daran, Ginger Rogers machte genau diesel-
ben Tanzschritte wie Fred Astaire, nur rückwärts
und mit hohen Absätzen.

Faith Whittlesey

Unser Leben ist wie ein Bankkonto, auf das wir etwas ein-
zahlen und von dem wir etwas abheben. Wie oft schreiben
Sie Beträge auf dem Konto Ihres Körpers, Ihrer Gefühle,
Ihres Geistes und Ihrer Seele gut? Wir alle haben ein *Lebens-*
konto, das wir oft völlig ausschöpfen oder von dem wir andere
zuviel abheben lassen. Wenn wir ein zufriedenstellendes
»Guthaben« haben und nicht »rot sehen« – Frustration und
Wut spüren – wollen, müssen wir in allen Bereichen unseres
Lebens reichlich einzahlen und unser Konto möglichst we-
nig belasten.

Emotionales Bankkonto
SOLL

Unverheilte seelische Verletzungen	Perfektionismus
Selbstverdammung	Isolation
Überarbeitung	unvernünftige Erwartungen
Selbstverurteilung	Widerstand

Ein negativer Lebens-Kontostand, der durch zu viele Schuldposten verursacht wird, führt zu seelischen Kontoüberziehungen:

Geringes Selbstwertgefühl	Depression
Übergewicht	Erschöpfung
Emotionale Abhängigkeit	Apathie
Unglücklichsein	Krankheit

HABEN

Grenzen setzen	Alte Wunden heilen
Selbstannahme	Freunde
Sport	Alleinsein
Auf sich selbst hören	Liebe

Kreditposten schaffen eine positive Lebensbilanz und führen zu seelischen Überschüssen:

Hohes Selbstwertgefühl	Authentizität
Energie	Freude
Selbstvertrauen	Heilung
Mut	Befriedigende Beziehungen

Beispiele	
Soll:	Haben:
»Wie kann man nur so blöd sein?«	»Jeder macht mal einen Fehler; beim nächstenmal werde ich es besser machen.«
»Ja« (Wenn Sie »Nein« meinen)	»Nein, tut mir leid. Ich schaffe es nicht.«
Sich schuldig fühlen	Sich für echte Kränkungen und Fehler entschuldigen.
»Mir geht's großartig.« (falsches Lächeln)	Wahrheitsgemäß über Ihre Gefühle sprechen
»Nein, ich brauche nichts.«	»Ich würde gern in den Arm genommen werden!«
»Ich werde nie so gut sein wie Soundso.«	»Großartig! Das ging heute schon besser.«
Du-Botschaften (Dinge sagen, die Sie bereuen werden)	Ich-Botschaften (nicht alles in sich hineinfressen)

Sich zuviel vornehmen und ständig in Eile sein	Realistische Ziele und Zeitpläne
Keine Zeit für sich selbst haben	Entspannen: sich die Zeit nehmen, den Duft der Blumen wahrzunehmen
Viel sitzen; zuviel Fernsehen	Sport treiben
Sich darauf konzentrieren, daß Sie wieder einmal versagt haben	Ihre Erfolge feiern

Sie allein sind für Ihr emotionales Bankkonto verantwortlich. Andere Menschen sollten Ihr Konto nur belasten dürfen oder etwas abheben, wenn und wann Sie es Ihnen erlauben.

Seien Sie großzügig beim Einzahlen und sparsam beim Abheben. Stellen Sie niemals einen ungedeckten Scheck aus!

AUS DEM ÜBERFLUSS
HERAUS GEBEN

Ein wichtiger Teil des Lebens ist, uns selbst und anderen Nahrung für die Seele zu geben, und zwar auf die bestmöglichste Art: Indem wir unsere Liebe und Unterstützung nicht im Austausch für etwas anderes geben, sondern sie *verschenken*. Wir müssen auf unserem Lebenskonto einen ausreichenden Überschuß erwirtschaften, damit wir etwas haben, von dem wir freigiebig abgeben können, ohne Erwartungen oder Bedingungen daran zu knüpfen. Wir errei-

chen das am besten, wenn wir sicherstellen, daß wir für alle
Teile unserer selbst – Körper, Geist und Seele – sorgen.
Erstellen Sie eine Tabelle nach folgendem Muster, damit Sie
besser beurteilen können, wie ausgeglichen Ihr Lebenskonto im Moment ist:

Tag	1	2	3	4	5	6	7
Körperlich							
Emotional							
Geistig							
Spirituell							

Lassen Sie die vier Teilbereiche Ihres Seins Revue passieren:
den Körperlichen, den Seelischen, den Geistigen und den
Spirituellen. Tun Sie in all diesen Bereichen etwas für sich
selbst, oder ist es zu einem Ungleichgewicht gekommen?
Notieren Sie jeden Tag, was Sie in jedem Bereich für sich
selbst getan haben. Gehen Sie sich selbst gegenüber die
Verpflichtung ein, den Bereichen mehr Zeit und Aufmerksamkeit zu schenken, in denen Sie mehr brauchen, als Sie
sich im Augenblick geben. Wenn Sie das tun, geben Sie sich
selbst Nahrung für die Seele, und Sie werden mehr haben,
das Sie anderen geben können.

Körperlicher Teilbereich

Ist Ihr Körper fit und gesund? Behandeln Sie ihn mit gebüh-
rendem Respekt? Versuchen Sie, wenigstens viermal die

Woche zwanzig Minuten Aerobic zu machen; noch mehr wäre besser – von einem flotten Spaziergang in der Mittagspause haben wir langfristig mehr als von der schnellen Energiezufuhr eines Schokoriegels. Den meisten Menschen fällt es schwer, wirklich regelmäßig Sport zu treiben, aber sabotieren Sie nicht selbst Ihre guten Absichten durch Ausreden wie die, daß Sie keine Zeit haben oder daß Sie im Gymnastikanzug pummelig aussehen? Es ist erstaunlich, wieviel selbstbewußter und tüchtiger wir uns fühlen, wenn unser Körper durchtrainiert ist. Ernähren Sie sich gesund und schlafen Sie ausreichend, damit Ihr Körper die Energiereserven wieder auffüllen kann. Ohne guten Treibstoff und stärkende Phasen des Wiederauftankens können wir unser Tagespensum nicht bewältigen (und die meisten von uns haben ein beachtliches Tagespensum). Sie sind der einzige Wartungsmechaniker Ihres Körpers – er zählt auf Sie.

Emotionaler Teilbereich

Was gibt Ihren Gefühlen Nahrung? Wahrscheinlich alles, das Sie mit Enthusiasmus erfüllt, Ihre Lebensfreude steigert und Ihnen das Gefühl gibt, zu lieben und geliebt zu werden. Ob durch regelmäßige Gespräche mit Ihrem Partner, mit Freunden oder den Kindern, eine gute Leistung bei der Arbeit oder ein von Herzen kommendes Lachen – Ihre Gefühle brauchen Nahrung. Müssen Sie sich einmal richtig ausweinen? Nun, warum tun Sie es nicht? Wollen Sie eine Gehaltserhöhung? Bitten Sie um eine!
Achten Sie auf Ihre inneren Signale, und Sie werden wissen, wann Sie emotionale Energie nötig haben, und dann eine positive Quelle finden, durch die Sie Ihre emotionalen

Bedürfnisse befriedigen können. Wenn es Sie emotional ausfüllt, sich mit Freunden zu unterhalten, stellen Sie sicher, daß Sie sich selbst dieses Geschenk machen. Jeder Mensch ist anders, und nur Sie selbst wissen, wie Sie den emotionalen Teil Ihres Lebenskontos am besten auffüllen können. Folglich ist es notwendig, uns selbst zu erlauben, unsere emotionalen Reserven aufzufüllen und einen Weg zu finden, unseren Enthusiasmus zu wecken.

Geistiger Teilbereich

Unser Körper braucht regelmäßige Bewegung und gute Ernährung, und ebenso braucht unser Geist inspirierende, herausfordernde Ideen, Bücher und Gespräche. Leidet Ihr Kopf unter Mangel an Anregung? Sind Ihre Tage ewig gleichbleibend, vorhersehbar und geistig nicht anregend? Ertappen Sie sich bei einer erschöpften »Entspannung« vor dem Fernseher? Meiner zugegebenermaßen vorurteilsbeladenen Theorie zufolge werden durch das viele Fernsehen Gehirnzellen zerstört. Wir dürfen uns nicht länger vom Fernsehen oder von abstumpfenden Gewohnheiten betäuben lassen. Wir müssen die Spinnweben aus unseren grauen Zellen schütteln! Wir könnten Volkshochschulkurse besuchen, ein gutes Buch lesen, Kreuzworträtsel lösen oder eine neue Sportart erlernen. Beim Kampf mit der Abhängigkeit kann der Kopf ein großartiger Verbündeter sein; und der Kopf genießt es, gefordert zu werden.

Spiritueller Teilbereich

Wir alle sind spirituelle Wesen. In diesem Zusammenhang ist *spirituell* nicht gleichbedeutend mit *religiös,* obwohl unsere Religiosität sehr spirituell sein kann. Der Glaube an den inneren Geist ist für unsere Suche nach dem Mut, wir selbst zu sein, mindestens ebenso wichtig wie körperliche Gesundheit, gefühlsmäßige Stabilität und geistige Klarheit.

Spiritualität schafft inneren Frieden, und sie ist, mehr als alles andere, ein Gefühl des Verbundenseins mit Gott, wie wir Ihn/Sie/Es auch verstehen mögen. Das Verbundensein mit einem Wesen, das größer als wir selbst ist, weckt in uns den Wunsch, unserer Liebe Ausdruck zu geben und dem Nächsten zu dienen. Zu wahrer Spiritualität, die dem tiefsten Kern unseres Wesens entspringt, gehört die Freude. Ein Spaziergang im Wald, schöne Musik oder einfaches Stillsitzen kann uns das Gefühl spirituellen Ausgeglichenseins und spiritueller Harmonie geben.

Wenn ich ausgeglichen bleiben will, brauche ich jeden Tag eine ruhige Zeit, die ich mit meinen besonderen Büchern und im Gebet oder mit der Meditation verbringe. Finden Sie heraus, was Ihnen spirituell Nahrung gibt, und schaffen Sie genug Platz in Ihrem Zeitplan, um das täglich auszuüben. Unsere Spiritualität ist wie Wasser; wir brauchen sie, um zu überleben.

DIE AUSGEGLICHENE BALANCE
DER TEILBEREICHE

Heutzutage spielt sich ein Großteil unseres Lebens im geistigen und körperlichen Bereich ab, während die emotionalen und spirituellen Dimensionen verkümmern. Verpflichten Sie sich, Energie in alle vier Bereiche zu investieren. Nehmen Sie langsam und behutsam ein paar kleine Veränderungen an Ihrem Tagesablauf vor. Treiben Sie ein wenig Sport oder nehmen Sie sich die Zeit, ein paar ruhige Minuten lang heilsame und inspirierende Musik zu hören. Seien Sie sich bewußt, wie sehr uns Veränderungen widerstreben, und untergraben Sie nicht Ihren Erfolg, indem Sie Unmögliches von sich verlangen. Nehmen Sie kleine Veränderungen vor, bauen Sie auf Ihren Erfolgen auf und feiern Sie jede Änderung. So können Sie eine positive Erwartungshaltung aufbauen und die Energie finden, die Sie brauchen, um Ihren Tagesablauf zu ändern. Bald werden Sie sich wie ein anderer Mensch vorkommen – ein Mensch, der ein interessanteres Leben führt. Wir müssen allen vier Bereichen überlegte, bewußte Aufmerksamkeit schenken, wenn wir ausgeglichene, glückliche Menschen sein wollen. Gehen Sie freundlich mit sich selbst um und respektieren Sie alle vier Teilbereiche.

Es erfordert Mut, zuerst unser eigenes Lebenskonto aufzufüllen, bevor wir an andere denken. Es scheint im Widerspruch zu den alten Regeln zu stehen, die von uns verlangen, immer zuerst an andere zu denken und ein Leben des Dienstes am Nächsten und der Aufopferung zu leben. Aber wir haben nur wenig zu geben, wenn unser eigenes Lebenskonto gefährlich erschöpft ist. Wenn wir unsere Becher füllen, so daß der Überfluß zu anderen überquillt, werden wir fähig sein, freigiebiger und bereitwilliger zu geben. Die Menschen werden spüren, daß wir aus einem Gefühl des Überflusses heraus geben. So können sie unsere Gaben ohne Schuldgefühle und ohne ein Gefühl des Verpflichtetseins annehmen. Wir *schenken* ihnen etwas – wir erwarten keine gleichwertige Gegengabe. Aus dem Überfluß heraus können wir am besten Liebe geben!

KAPITEL VIERZEHN

SICH SELBST EINE LIEBENDE UND NACHSICHTIGE FREUNDIN SEIN

Blumen sind lieblich: Liebe ist wie eine Blume,
Freundschaft ist ein schützender Baum.

Samuel Coleridge

Stillschweigend durch das ganze Buch hindurch zieht sich die Überzeugung, wie wichtig es ist, sich selbst ein liebender und nachsichtiger Freund zu werden. Sind *Sie* sich ein schützender Baum? Überlegen Sie mal einen Moment, wie Sie mit Ihren Freunden umgehen. Erweisen Sie sich selbst die gleiche Freundlichkeit und Rücksichtnahme? Viele Menschen sind ganz tief innen überzeugt, daß sie es nicht verdienen, geliebt zu werden. »Andere« verdienen Freundschaft, aber wir aus irgendwelchen unerfindlichen Gründen nicht. Diese Überzeugung ist falsch. Wir verdienen es, geliebt zu werden. Wir sind es wert, daß wir uns selbst unterstützen und uns unsere Freundschaft schenken.

Einer der Gründe, aus denen uns das so schwerfällt, ist, daß wir uns selbst nicht vergeben können. Wenn wir darüber nachdenken, was wir im Leben getan haben, erinnern wir uns augenblicklich an Akte der Freundlichkeit, des Mutes oder der Rücksichtnahme, die wir versäumt haben, oder an die »schlechten« Taten, die wir begangen haben.

Ist das fair?

VERSÖHNLICHKEIT

Das Kind in der Frau ist ihre wachsende Spitze, die
während unserer ganzen Lebenszeit lebendig
bleibt ... Eine der Aufgaben des Erwachsenwer-
dens besteht darin, sich dieser benachteiligten
und unterentwickelten Teile unseres Wesens anzunehmen, die wir zur Seite geschoben haben.

M. C. Richards

Natürlich tun wir Dinge, die der Vergebung bedürfen. Elisabeth Kübler-Ross, die Spezialistin für Tod und Sterben,
nennt die Erde »den Krankenhausplaneten«. Wir alle sind
hier, um uns zu erholen und gesund zu werden. Wir alle
haben innere Wunden. Wir alle tasten blind nach dem, was
recht ist. Versöhnlichkeit schafft ein Klima, das es uns leichter macht, heil zu werden.

Denken Sie oft an Ihr inneres Kind. Behandeln Sie es mit
Freundlichkeit, Vergebung und Nachsicht. Immer, wenn
ich versage, etwas Blödsinniges tue oder das Gefühl habe,
Vergebung zu brauchen, nenne ich mich in Gedanken sehr
bewußt »Susie«. Die Rückkehr zu dem Namen, mit dem ich
als Kind gerufen wurde, hilft mir dabei, mich an mein
inneres kleines Mädchen zu erinnern und damit meine
Haltung mir selbst gegenüber zu besänftigen.

Ein Pastor hat mir einmal einen Button geschenkt, den ich
sehr hilfreich finde. Auf dem Button steht: BHGMM
GINNFMM, was entschlüsselt bedeutet »Bitte hab Geduld
mit mir, Gott ist noch nicht fertig mit mir!«

Wir reden ständig mit uns selbst. In unserem Kopf erzählen
wir uns Geschichten über uns selbst, die ebenso auf unseren
gegenwärtigen Erfahrungen beruhen wie auf früheren Erfahrungen. Nur zu oft sehen wir uns in der Rolle des unsym-
pathischen Mädchens – des gräßlichen kleinen Kindes, das
irgendwie nie gut genug war, des Kindes, das es nur verdien-

te, am Leben zu sein, wenn es perfekt war, das Opfer, die Angeberin, die Gegnerin.

Als wir Kinder waren, haben die Menschen um uns herum dazu beigetragen, daß wir diese Geschichten über uns erfanden. In vielen Familien gibt es ein »böses Kind« und ein »gutes Kind«, ein »intelligentes Kind« und ein »dummes Kind«, ein Kind, »das alle mögen« und ein »schwarzes Schaf«, ein »verantwortungsbewußtes Kind« und die »Kleine«.

Unbewußt übernehmen wir diese Etiketten und tragen sie als Erwachsene weiter; aber jetzt können wir entscheiden, ob wir bei diesen Geschichten bleiben oder uns andere erzählen wollen. Wir können anfangen, uns positive, ermutigende, nachsichtige, vergebende, freundliche, hoffnungsvolle und liebevolle Geschichten über uns selbst zu erzählen.

Vergleichen Sie die folgenden inneren Dialoge:
»Verdammt, jetzt hab' ich vergessen, den Bericht zur Post zu bringen (den Babysitter anzurufen, was auch immer)! Kannst du dir denn überhaupt nichts merken? Wahrscheinlich fängst du an, senil zu werden! In letzter Zeit hast du dich wirklich ziemlich bescheuert aufgeführt. Entweder du bist krank, oder du verlierst den Verstand! Du solltest zumindest in der Lage sein, (.........)!«

Oder:
»Susie, in letzter Zeit bist du wirklich ziemlich vergeßlich. Was ist denn los? Bist du überlastet, fühlst du dich krank oder ausgebrannt? Vielleicht wäre es an der Zeit, uns selbst mal etwas besonders Gutes zu tun.«

Die erste Geschichte ist äußerst destruktiv. Sie legt das Fundament für Versagensängste und Angst vor Krankheit, und ganz bestimmt macht sie es uns nicht leichter, uns selbst zu vergeben. Die zweite Geschichte ist konstruktiv, aufbauend und gekennzeichnet von Selbstliebe.

Das Unterbewußtsein ist wie nasser Ton: Es bewahrt den Abdruck von all dem, was wir in es hineindrücken, und dann gibt es diesen Abdruck getreulich in unserem Leben wieder. Wenn wir uns zum Beispiel Geschichten erzählen, die darauf hinauslaufen, daß wir es nicht verdienen, geliebt zu werden, Erfolg zu haben oder abzunehmen, wird unser Unterbewußtsein dafür sorgen, daß wir ungeliebt, erfolglos und rundlich bleiben.

Erzählen Sie sich selbst optimistische, realistische und freundliche Geschichten. Vermeiden Sie Tragödien und grandiose Märchen, in denen Sie der Unhold oder das hilflose Opfer sind. Sicher, Sie mögen ein paar Warzen haben (Wie ich auch! Das haben wir alle!), aber das bedeutet, daß Sie Heilung brauchen. Es macht Sie nicht zu einem Frosch oder einer Hexe!

BEISTAND UND UNTERSTÜTZUNG: WIR ALLE BRAUCHEN TROST

> Der Friede zwischen den Völkern muß auf der soliden Grundlage der Liebe zwischen Individuen ruhen.
>
> *Mahatma Gandhi*

Nur Sie selbst können Ihre inneren Verletzungen heilen, aber es ist fast unmöglich, das allein zu tun. Wir alle brauchen es, gehört zu werden, geschätzt und angeleitet zu werden. Häufig halten wir die Nase so dicht gegen die Landkarte gepreßt, daß wir nicht sehen können, welche Straße wir nehmen müssen. Eine gute Freundin und Vertraute kann ein wunderbarer Spiegel sein – ein klares und objektives zweites Paar Augen, wenn wir uns in einer Situation voller Wirrwarr und Durcheinander befinden.

Isolation ist tödlich. Studien von Waisenkindern und Tierbabies zeigen, daß Säuglinge verkümmern, wenn sie nicht häufig in den Arm genommen und gehätschelt werden. Der klinische Ausdruck für dieses Syndrom lautet *soziale Deprivation*. Ohne ein Unterstützungssystem gelingt es uns auch als Erwachsene nicht, uns gut zu entwickeln.

Unterstützung ist keine einseitige Sache. Wenn wir Unterstützung erfahren wollen, müssen wir anderen beistehen. Die meisten Frauen jedoch haben als Ehefrauen, Mütter, Krankenschwestern, Sekretärinnen und so weiter bislang mehr Unterstützung und Beistand gewährt als erhalten.

Ein warnendes Wort dazu: Ein Mensch, der uns auf gesunde Art beisteht, *fühlt* unseren Schmerz *mit*, aber er *trägt* ihn nicht für uns und versucht auch nicht, unsere Probleme zu lösen. Es ist nicht realistisch, zu erwarten, wir könnten jemals das Leid eines anderen Menschen tragen oder ihn heilwerden lassen. Es ist leicht, in die Falle zu tappen und passiv darauf zu warten, daß ein anderer unsere Genesungsarbeit für uns tut oder irrigerweise zu versuchen, die Genesungsarbeit für einen anderen zu tun.

Seien Sie wachsam, wenn Sie Anzeichen eines ungesunden Ungleichgewichts in Ihren Beziehungen feststellen. Wenn Sie Müdigkeit verspüren und das Gefühl haben, mit den Problemen anderer Leute überlastet zu sein, oder die Tendenz haben, bestimmten Leuten aus dem Weg zu gehen und sich in ihrer Gegenwart ungeduldig oder gereizt zu fühlen, kann es sein, daß Sie das Leid anderer tragen, als wäre es Ihr eigenes. Möglicherweise denken Sie sogar, daß Sie allein dafür verantwortlich sind, diese Menschen zu retten. Das bedeutet, daß Sie es versäumt haben, Ihre Grenzen und inneren Schranken zu respektieren.

Wenn Sie umgekehrt wütend sind, weil Sie sich von Ihren Freunden (oder einem Teil Ihrer Freunde) verlassen, abgelehnt, ungerecht behandelt oder im Stich gelassen fühlen, fragen Sie sich, ob Sie von ihnen erwartet haben, Ihr Leid an Ihrer Stelle zu tragen und Sie davon zu befreien. Jeder Mensch ist selbst verantwortlich für seinen Schmerz. Fühlen Sie *mit* anderen Menschen, nicht *für* sie. Seien Sie für Ihre Freunde da, aber versuchen Sie nicht, ihre inneren Verletzungen zu heilen.

Bauen Sie Ihr Unterstützungssystem aus. Gönnen Sie sich verschiedene Quellen von Trost und Anleitung. Es kostet Zeit, sichere Orte zu finden und Menschen, bei denen Sie sich sicher fühlen und wirklich Sie selbst sein können, aber es ist die Mühe wert.

> Kontemplativ zu sein heißt, uns achtsam und behutsam selbst gegenwärtig zu sein, nicht in unbewußter Selbstversunkenheit, sondern in stiller und liebevoller Betrachtung.
>
> *Marv Hiles*

Betrachten Sie sich selbst ehrlich und milde. Sie sind noch nicht »fertig«, und sehr wahrscheinlich werden Sie das in dieser einen kurzen Lebensspanne auch nicht werden. Genießen Sie den Prozeß, sich selbst immer wieder zu erneuern. Gestatten Sie sich, voll Humor, Nachsicht und Vergebung, für Freunde durchschaubar zu sein, bei denen Sie sich sicher und angenommen fühlen, denen Sie wichtig sind und die Ihnen wichtig sind. Respektieren Sie sich selbst und das, was Sie sein werden. Die Suche nach der eigenen Identität ist in einem Klima von Nachsicht, Angenommensein und Flexibilität leichter zu bewältigen.

KAPITEL FÜNFZEHN

SIE SELBST SEIN:
IHR GESTERN, IHR HEUTE
UND IHR POTENTIAL
EHREN

Unser Leben währet siebzig Jahre und manchmal
darüber – doch in dieser kurzen Zeit durchleben
wir eine unwiederholbare Biographie, die sich
in das Gewebe der menschlichen Geschichte
schlingt.

Elisabeth Kübler-Ross

Weder unser Gestern noch unser Heute kann unser Potential beschreiben. Unser Potential ist grenzenlos: Wir nutzen nur einen winzigen Teil unserer Talente und Möglichkeiten. Der Rest verkümmert, weil wir Angst haben, weil wir uns selbst nicht annehmen können, weil wir unfähig sind, zu träumen. Wenn wir unser riesiges Potential der Freiheit und Einzigartigkeit anzapfen wollen, müssen wir zuerst unsere Vergangenheit annehmen. Unsere Kindheit, ob sie nun sicher und geborgen oder verheerend und qualvoll war, versorgt uns mit den Bausteinen, mit denen wir unser Leben aufbauen. Wenn diese Bausteine fehlerhaft sind, ist es unsere Aufgabe, sie zu verwandeln, so daß sie nicht länger unseren Weg blockieren und wir uns ein freies und befriedigendes Heute aufbauen können.

Das Heute ist der einzige Augenblick des Lebens, der wirklich unser ist – diese Minute, diese Stunde, dieser Tag. All unsere Möglichkeiten locken in der Mitte dieses Augenblicks. *Heute* können wir bessere Entscheidungen treffen, für unsere Rechte eintreten und uns selbst eine Freundin sein.

Wenn wir an unserer Selbstverwirklichung arbeiten, ist jeder neue Tag für uns eine Gelegenheit, uns auf die vollkommen richtige Weise zu entfalten.

Das Gestern:	Die Bausteine
Das Heute:	Möglichkeit
Die Zukunft:	Das Potential

Eine kluge, großartige Frau hat einmal zu mir gesagt: »Die Zukunft ist abhängig davon, daß wir die Verletzungen der Vergangenheit heilen und das Heute wirklich leben.« Respektieren Sie das Heute, indem Sie diesen Tag so leben, daß Sie morgen mit Stolz darauf zurückblicken können. Treffen Sie heute eine gute Wahl, und lernen Sie jeden Tag neu von den Quellen, die Sie inspirieren, sich selbst so zu lieben, wie Sie sind – unvollkommen und lernend. Lernen Sie, als freundliche und rücksichtsvolle Gleichgestellte mit Ihrem Partner, Ihrer Familie, Ihren Kollegen und Freunden zu leben.

Sie haben das Recht, das Privileg und die Verantwortung, heute Sie selbst zu sein.

Wenn Sie den Mut dazu finden und Ihre Integrität respektieren, wird Ihr Potential sich auf natürliche Weise verwirklichen. Sie werden zu einem inneren Gleichgewicht und einer inneren Harmonie finden, die es Ihnen ermöglichen wird, sich jeder Lebenslage zu stellen. Sie werden sich von den Ängsten befreien, die Sie jetzt noch einschränken. Und Sie werden fähig sein, aus dem Überfluß Ihrer eigenen Fülle heraus sich selbst und andere zu lieben und sich selbst und anderen zu dienen.

Unser Leben und unsere Gefühle sind einer natürlichen

Ebbe und Flut unterworfen – einem Rhythmus, dem wir uns oft am liebsten widersetzen würden. Aber wir haben nicht mehr Aussicht, erfolgreich gegen diesen Rhythmus anzukämpfen, als wir Aussicht hätten, die Gezeiten des Meeres anzuhalten. Es ist viel besser, das Wasser ungehindert zurückfließen zu lassen und bei Ebbe wundersame Dinge im Watt zu finden.

Wenn wir es schaffen, unseren unverwechselbaren Rhythmus von Ebbe und Flut zuzulassen – unsere Tage und Nächte, die Jahreszeiten unserer Seele – und den Mut finden, sowohl bei Ebbe als auch bei Flut unsere Gefühle zu erforschen und heil zu werden, werden wir unglaubliche Schätze finden; wir werden den Mut finden, wir selbst zu sein.

Seien Sie freundlich zu sich selbst. Wir können emotionale Abhängigkeit nur langsam überwinden, Schritt für Schritt. Es ist ein lebenslanger Prozeß, sich selbst zu finden und frei zu werden.

Mutter Gott, hilf mir, ein liebender Mensch zu sein,
Vater Gott, hilf mir, nützlich auf dieser Welt zu sein,
Mutter/Vater Gott, hilf mir, ich selbst zu sein; ein unverwechselbarer
    und wertvoller Teil von Dir.

LITERATUR

Die folgende Liste ist eine Zusammenstellung von Büchern, die mir, meinen Klientinnen oder Freundinnen bei unserer Suche nach uns selbst wichtig geworden sind.

Bartholomew (Spirit): »I Come as a Brother.« Taas, N. M., 1984.

Lynn Z. Bloom, Karen Coburn, Joan Pearlman: Die selbstsichere Frau. Anleitung zur Selbstbehauptung. Reinbek b. Hamburg 1979.

Doug Boyd: Rolling Thunder. Erfahrungen mit einem Schamanen der neuen Indianerbewegung. München 1986.

Nathaniel Branden: Liebe für ein ganzes Leben. Psychologie der Zärtlichkeit. Reinbek b. Hamburg 1985.

ders.: Ich liebe mich auch. Selbstvertrauen lernen. Reinbek b. Hamburg 1989.

Paula J. Caplan: So viel Liebe, so viel Haß. Zur Verbesserung der Mutter-Tochter-Beziehung. München 1993.

Pauline Rose Clance: Erfolgreiche Versager. Das Hochstapler-Phänomen. München 1988.

Irene Claremont de Castillejo: Die Töchter der Penelope. Elemente des Weiblichen. München 1991.

Sally Conway: You and Your Husband's Mid-Life Crisis. Elgin, Ill. 1980.

Ram Dass und Paul Gormon: Wie kann ich helfen? Segen und Prüfung mitmenschlicher Zuwendung. Berlin 1988.

Colette Dowling: Der Cinderella-Komplex. Die heimliche Angst der Frauen vor der Unabhängigkeit. Frankfurt am Main [16]1991.

Riane Tennenhaus Eisler: The Chalice and The Blade. ... Cambridge, Mass. 1987

Marilyn Ferguson: Die sanfte Verschwörung. Persönliche und Gesellschaftliche Information im Zeitalter des Wassermanns. München 1984.

Marilyn French: The Woman's Room. New York 1981.

Nancy Friday: Wie meine Mutter/My Mother my self. Frankfurt a. M. [13]1992.

Sonya Friedman: Männer zum Nachtisch. Wie Frauen zu selbstbewußten Partnerinnen werden. Berlin 1986.

Elizabeth Gawain: The Dolphin's Gift. Mill Valley. Cal. 1981.

Khalil Gibran: Der Prophet, Olten [27]1992.

Carol Gilligan: Die andere Stimme. Lebenskonflikte und Moral der Frau. München [3]1991.

Herb Goldberg: Veränderungen. Das neue Verhältnis zwischen Mann und Frau. Reinbek b. Hamburg 1987.

Lindsay Hall und Leigh Cohn: Self Esteem: Tools for Recovery. Caresbad, Cal. 1990.

Louise Hart: The Winning Family. Increasing Self-Esteem in Your Children and Yourself. Citrus Heights, Cal. 1990.

Louise Hay: Heile Dein Leben. Landsberg [2]1990. Tonkassette

Jean Houston: The Search for the Beloved. Midso New York 1987.

Laura Archera Huxley: You Are Not the Target. Midsomer Norton, Bath 1963; Nachdruck New York 1986.

Gerald G. Jampolsky: Lieben heißt, die Angst verlieren. München [2]1991.

Karen Johnson: Trusting Ourselves: The Sourcebook on Psychology for Women. New York 1990.

Robert A. Johnson: Der Mann. Die Frau. Auf dem Weg zu ihrem Selbst. München 1987.

C. G. Jung: Worte der Seele. Hrsg. von Franz Alt. Freiburg 1991.

David Keirsey und Marilyn Bates: Versteh mich bitte: Charakter und Temperament-Typen. Prometheus Nemesis 1978.

Alexander Key: The Strange White Doves. True mysteries of nature. Philadelphia 1972.

Serge King. Begegnung mit dem verborgenen Ich. Ein Arbeitsbuch zur Huna-Magie. Freiburg 1991.

Elisabeth Kübler-Ross: Interviews mit Sterbenden. Stuttgart 1971.

Mary LaCroix: The Remnant. Virginia Beach, Va. 1987.

Linda Leonard: Töchter und Väter. Heilung einer verletzten Beziehung. Frankfurt [4]1992.

Harriet Goldhor Lerner: Wohin mit meiner Wut? Neue Beziehungsmuster für Frauen. Zürich 1987.

dies.: Zärtliches Tempo. Wie Frauen ihre Beziehungen verändern, ohne sie zu zerstören. Frankfurt 1992.

Eda LeShan: On Living Your Life. Harper and Row 1982.

Stephen Levine: Who Dies? New York 1989.

Anne Morrow Lindbergh: Muscheln in meiner Hand. München 1990.

Matthew McKay und Patrick Fanning: Prisoners of Belief: Exposing & Changing Beliefs that Control Your Life. Oakland, Cal. 1991.

dies.: Self-Esteem. Oakland, Cal. 1987.

Alice Miller: Das Drama des begabten Kindes und die Suche nach dem wahren Selbst. Frankfurt am Main 1983

Raymond A. Moody: Leben nach dem Tod. Reinbek b. Hamburg 1977.

ders.: Leben vor dem Leben. Reinbek b. Hamburg 1990.

Pierre Mornell: Passive Men, Wild Women. New York 1987.

John G. Neihardt: Black Elk Speaks. Lincoln, NE 1988.

Stanlee Phelps und Nancy Austin: The Assertive Woman. San Ramon, Cal. 1987.

Gabrielo Lusser Rico: Garantiert schreiben lernen. Sprachliche Kreativität methodisch entwickeln. Reinbek b. Hamburg 1984.

Samuel H. Sandweiss: Sai Baba, der Heilige und der Psychotherapeut: Dietzenbach [4]1989.

Virginia M. Satir: Peoplemaking. Science and Behavior. Palo Alto, Cal. 1972.

Joé Snell: Der Dienst der Engel – diesseits und jenseits. Erlebnisse einer Krankenschwester an Kranken- und Sterbebetten. Hamburg [6]1989

Edith R. Stauffer: Unconditional Love and Forgiveness. Burbank, Cal. 1987.

Gloria Steinem: Unerhört. Reportagen aus »Ms.«. Reinbek b. Hamburg 1984.

Jess Stern: The Sleeping Prophet. New York 1967.

Thomas Sugrue: Edgar Cayce. Die Geschichte eines schicksalhaften Lebens. München 1983.

Judy Tatelbaum: The Courage to Grieve. New York 1984.

Sue Patton Thoele: The Woman's Book of Courage: Meditations for Empowerment and Peace of Mind. Emeryville, Cal. 1991.

White Eagle: In der Stille liegt die Kraft. Grafing ^{9}1987.

Virginia Woolf: Ein Zimmer für sich allein. Berlin 1978.

Paramahansa Yogananda: Autobiographie eines Yogi. München 1992.

LEBENSHILFE
PSYCHOLOGIE

John Bradshaw
**Wenn
Scham krank
macht**
Ein Ratgeber zur Überwindung
von Schamgefühlen

LEBENSHILFE
PSYCHOLOGIE

(84003)

Sidney B./Suzanne Simon
**Verstehen
Verzeihen
Versöhnen**
Wie man sich selbst
und anderen vergeben lernt

LEBENSHILFE
PSYCHOLOGIE

(84005)

Claude Bonnafont
**Die Botschaft
der
Körpersprache**
Körpersignale erkennen
und deuten

LEBENSHILFE
PSYCHOLOGIE

(84029)

Sue Patton Thoele
**Bis hierhin
und
nicht weiter**
Wie Frauen lernen,
sich selbst zu behaupten

LEBENSHILFE
PSYCHOLOGIE

(84020)

Walter Kindermann
Drogen
ABHÄNGIGKEIT, MISSBRAUCH
THERAPIE
Ein Handbuch für Eltern

LEBENSHILFE
PSYCHOLOGIE

(84013)

Robert Bly
**EISEN
HANS**
Ein Buch
über Männer

LEBENSHILFE
PSYCHOLOGIE

(84017)

Körper und Seele

Knaur®

Martin Gessler
Doro Kammerer

**Die Botschaft
des chronischen
Schmerzes**

Verstehen – Behandeln – Überwinden

(82051)

Knaur®

Ingrid Olbricht

**Alles
psychisch?**

Der Einfluß der Seele
auf unsere Gesundheit

LEBENSHILFE
PSYCHOLOGIE

(84014)

Knaur® Sachbuch Barbara Hannah

**Begegnungen
mit der Seele**

Aktive Imagination –
der Weg zu Heilung und
Ganzheit

(4023)

Knaur®

Dr. Redford Williams

Herzvertrauen

DER INFARKT

Ursachen und Vorbeugung

(7914)

Knaur® Heilen

Joan Borysenko

**GESUNDHEIT
IST LERNBAR**

Hilfe zur Selbsthilfe

(4259)

Knaur® Heilen

Larry Dossey

**Wahre
Gesundheit
finden**

Krankheit und Schmerz aus
ganzheitlicher Sicht

(4272)